Edgar Gugenhan

Geranien und Pelargonien

Sorten – Anzucht – Pflege

Kosmos
Gesellschaft der Naturfreunde
Franckh'sche Verlagshandlung
Stuttgart

36 Farbfotos von flora-bild (3), M. Geigenmüller (1), E. Gugenhan (14), E. Hase (1), S. Henrich (4), Dr. Jesse (6), Prof. Dr. Rauh (4), P. Toler (1) und Dr. Zunke (2)
5 Schwarzweißzeichnungen von G. Koch

Umschlaggestaltung von Edgar Dambacher unter Verwendung eines Dias von Sonja Henrich

Zonalpelargonien und Efeupelargonien lassen sich gut mit anderen Sommerblumen gemeinsam in Pflanzgefäßen verwenden. Hübsch wirkt der Kontrast zwischen der blauen Blütenfarbe der Sonnenwende (*Heliotropium*) und den rosa und roten Farben der Pelargonien.

CIP-Kurztitelaufnahme der Deutschen Bibliothek

Gugenhan, Edgar:
Geranien und Pelargonien : Sorten – Anzucht – Pflege / Edgar Gugenhan. – Stuttgart : Franckh, 1981.
(Kosmos-Florarium in Farbe)
ISBN 3-440-04945-0
NE: GT

Bild 1, Seiten 2/3. Hier bilden die Zonalpelargonien 'Empress' (rot) und 'Sophie Königer' (lachs) den Mittelpunkt einer gemischten Bepflanzung mit Petunien (zartlila), Heliotrop (dunkelviolett), Buntnessel (rotbraun) und Silberblatt (Mitte). Aufnahme S. Henrich

Franckh'sche Verlagshandlung, W. Keller & Co., Stuttgart / 1981

Printed in Italy / Imprimé en Italie / LH 14 os / ISBN 3-440-04945-0
Satz: Konrad Triltsch, Würzburg
Herstellung: Grafiche Muzzio, Padua / Italien

Geranien und Pelargonien

Pelargonien – ein Schmuck für Fenster und Balkon

Als die ersten Geranien vor rund 350 Jahren nach Europa eingeführt wurden, dachte noch niemand daran, daß diese Pflanzen einmal weltweit besondere Handelsexemplare werden sollten.
Linné schuf Mitte des 18. Jahrhunderts die auch heute noch gültige binäre Nomenklatur, war aber mit den botanischen Besonderheiten dieser Pflanzen nicht so vertraut. Er wählte auf Grund gemeinsamer Eigenschaften für verschiedene Pflanzen die Gattung *Geranium,* die er zur Familie der Geraniaceae stellte. Erst rund 35 Jahre später trennte man diese Gattung nach genauerer Kenntnis der Pflanzen in eine Gattung *Geranium* und eine Gattung *Pelargonium* auf. Vor allem die letztere nahm in den vergangenen Jahrzehnten einen enormen Aufschwung, da sich einige durch Kreuzung entstandene Arten für die Freiland- aber noch mehr für die Balkonkasten- und Gefäßkultur besonders eignen. Herausragende Eigenschaften machten die Pelargonien zur beliebtesten, vom Erwerbsgärtner in Töpfen kultivierten Pflanze.
Wenn man bedenkt, daß über 200 Millionen blühende Topfpflanzen alljährlich in deutschen Gartenbaubetrieben herangezogen werden und mit knapp 60 Millionen Stück die Pelargonie einen Anteil von rund 30% besitzt, kann man daraus ersehen, welchen Siegeszug diese Pflanze in Deutschland und eigentlich in ganz Europa angetreten hat.
Übrigens ist Baden-Württemberg das wichtigste "Pelargonien-Bundesland". Mit 15 Millionen Pflanzen, die dort 1978 produziert wurden, liegt es an der Spitze aller Bundesländer.
Heute stellt die Pelargonie das wichtigste Gewächs zum Schmuck von Fenstern, Balkonen, Terrassen, Dachgärten dar und dient damit zur Verschönerung von Wohn- und Geschäftshäusern.
Ein besonderer Vorteil der Pelargonie: Sie hat sich in unseren Breitengraden gut akklimatisiert und entwickelt mit relativ geringen Ansprüchen einen den ganzen Sommer über anhaltenden Blütenflor bei besten Wuchseigenschaften. Es ist anzunehmen, daß sich dieses südafrikanische Gewächs noch lange in der Rangliste auf Platz eins halten wird. Da ihrer Verwendung nur wenige Grenzen gesetzt sind, sollen mit diesem Buch dem Gartenbesitzer und Blumenfreund eine Übersicht über die Gewächse sowie Hinweise zur Kultur und Pflege der einzelnen Gattungen, Arten und Sorten gegeben werden. Möge es Anregungen in vielfältiger Form geben, damit allen Blumenfreunden die Kultur von Pelargonien und Geranien Freude bereitet.

Edgar Gugenhan

Bild 2. Dieses Bild zeigt schön die harmonische Abstimmung zwischen Pelargonien am Haus, in einer Schale auf einem Baumstamm und im Beet zusammen mit Begonien, Salvien und Tagetes. Aufnahme Dr. Jesse

Kulturgeschichtliche Entwicklung

Als um die Mitte des 17. Jahrhunderts die Besiedlung des Kaplandes durch die Holländer begann, entwickelte sich im Laufe der Zeit Kapstadt zu einem Stützpunkt für die Seefahrt nach Indien und dem Fernen Osten. So blieb es nicht aus, daß Kaufleute und Forschungsreisende auch Samen und Pflanzenteile der dort heimischen Pflanzen nach Europa mitbrachten. Die an Trockenheit gewöhnten Pelargonien überstanden die damals noch längereh Schiffsreisen recht gut, so daß sie in größerer Zahl ab Ende des 17. und im 18. Jahrhundert nach Europa, besonders nach England, eingeführt wurden. Zu den ersten wichtigen Arten zählten *Pelargonium zonale* (1710), *P. peltatum* (1710), *P. inquinans* (1714) und *P. grandiflorum* (1794). Aus ihnen haben sich im Laufe der Zeit wertvolle Gruppen und nicht zuletzt unsere heutigen Sorten entwickelt. Auch *P. odoratissimum*, die Zitronengeranie, wurde schon 1724 eingeführt.

Von der Gattung *Geranium* waren viele europäische Arten im 17. Jahrhundert bereits bekannt, die anderen kamen zum Teil erst im 19. Jahrhundert nach Europa. So ist die im Kaukasus und in Persien beheimatete *G. platypetalum* (Bild 40) Anfang des 19. Jahrhunderts entdeckt und eingeführt worden.

Zunächst haben im 18. Jahrhundert die Engländer wertvolle Zuchtarbeit geleistet. Sie beschäftigten sich vor allen Dingen mit der Entwicklung der sogenannten Edelpelargonie (*Pelargonium-Grandiflorum*-Hybriden), die man deshalb zunächst auch Englische Pelargonie nannte. Neben *P. grandiflorum* (Bild 3) wurden bei der Züchtung auch weitere Arten verwendet. Mitte des 19. Jahrhunderts übernahmen französische und später deutsche Gärtner die Zuchtarbeit, so daß sich im Laufe der Zeit verschiedene Rassen entwickelten und die ganze Gruppe insgesamt auch als Französische oder Deutsche Pelargonien bezeichnet wurde. Heute ist allgemein der Name Edelpelargonie üblich.

Bild 3. *Pelargonium grandiflorum*, die Urform der Edelpelargonien. Sie besitzt auffallend große Blüten. Ihre neueren Sorten sind widerstandsfähiger und finden auch bei uns immer mehr Anklang. Aufnahme Prof. Dr. Rauh

Bild 4. *Pelargonium zonale,* die Urform der Zonalpelargonien. Ihr typisches Merkmal, die dunkle Gürtelzeichnung auf den Blättern (links), zeigt sich auch bei vielen ihrer Sorten. Aufnahme Prof. Dr. Rauh

Als die Edelpelargonie in Europa etwas außer Mode geriet, wurde sie in Amerika weiterentwickelt. Neuerdings finden Sorten mit besseren Eigenschaften bei uns wieder Eingang, dazu gehören auch Neuheiten aus Kalifornien.

Die für den Balkon und die Bepflanzung von Gefäßen wichtigen Pelargonien wurden Mitte des vorigen Jahrhunderts zunächst in Frankreich, später auch in Deutschland züchterisch bearbeitet. Am heutigen Standardsortiment sind auch amerikanische Sorten beteiligt. Die Züchtungsgeschichte ist außerordentlich umfangreich und kann nur in wenigen Details angeführt werden.

Die *Pelargonium-Zonale*-Hybriden sind wohl im wesentlichen aus Kreuzungen von *P. zonale,* Gürtelpelargonie oder Zonalpelargonie, und *P. inquinans,* Beschmutzter Storchschnabel, hervorgegangen. Sehr häufig ist auch heute noch bei vielen Sorten die von *P. zonale* (Bild 4) abstammende dunkle Gürtelzeichnung auf den Blättern zu erkennen. Bei Sorten mit überwiegend *P. inquinans*-Anteil fehlt diese Gürtelung. Trotzdem werden die Abkömmlinge dieser Gruppe auch heute noch als Zonalpelargonien oder *Zonale*-Pelargonien bezeichnet.

Die *Pelargonium-Peltatum*-Hybriden sind aus der *P. peltatum* (Bild 5) der Schildpelargonie oder Efeupelargonie, vermutlich unter Einkreuzung von *P. lateripes* entstanden. Es handelt sich dabei um die heute wieder sehr in Mode gekommenen Hängegeranien, die den offiziellen Namen Efeupelargonien tragen (Bild 6). Sie haben eine geradezu stürmische Entwicklung erfahren, seit man Anfang der 60iger Jahre dieses Jahrhunderts die Sorte 'Ville de Paris' in Frankreich wiederentdeckt und dann auch nach Deutschland eingeführt hat.

Die eigentliche Sorte blüht rosa. Sie wurde aber in der Zwischenzeit züchterisch bearbeitet und wird heute auch in roten Tönen und unter verschiedenen Sortenbezeichnungen (z. B. 'Balkon Imperial' usw.) geführt.

Bild 5. *Pelargonium peltatum,* die Urform der Efeupelargonien. Charakteristisch für sie sind die langen, leicht überhängenden Triebe. Aufnahme Prof. Dr. Rauh

Seit Ende des letzten Jahrhunderts sind auch Hybriden der *Zonale* × *Peltatum*-Pelargonien bekannt. Franzosen und Engländer waren die ersten Züchter. Zu den bekanntesten Sorten zählt heute die vor etwa 30 Jahren bei Othmar Wullimann, Grenchen, Schweiz, ausgelesene 'Schöne von Grenchen' (Bild 11).

Die botanische Eingruppierung dieser Pelargonien ist schwierig. Da die Sorten meist niedrig, doch mehr oder weniger aufrecht wachsen und gelegentlich hängenden Charakter haben, bezeichnet man sie entsprechend ihrer Blattform oft als "Halbpeltaten" oder "Efeuzonale-Pelargonien".

Zu den Zonalpelargonien werden auch die buntlaubigen Pelargonien (Bild 7) gezählt. Erste Sorten dieser Art waren bereits Ende des 18. Jahrhunderts bekannt, doch erreichte die Züchtung erst Mitte des 19. Jahrhunderts einen gewissen Höhepunkt. Vor rund 100 Jahren kannte man über 300 buntlaubige Sorten.

Da die Vertreter dieser Gruppe wegen des geringen Chlorophyllgehaltes mei-

Bild 6. Am bekanntesten sind die Sorten der Efeupelargonien (oben) und der Zonalpelargonien (unten). Aufnahme E. Gugenhan

Bild 7. Die buntlaubigen (panaschierten) Pelargonien entstanden durch Kreuzung von grünen und chlorophyllarmen Pelargonien. Da die Eigenschaften (grün/gelb) der Elternpflanzen sichtbar durch Verwachsung von Zellschichten erhalten blieben, bezeichnet man sie als Chimären oder Doppelwesen. Aufnahme E. Gugenhan

stens nur einen schwachen Wuchs hatten, kamen sie für eine übliche Bepflanzung von Gefäßen nicht in Frage. Man verwendete sie deshalb speziell zur Bepflanzung von Beeten. Dort wirkten sie weniger durch ihre Blüten als vielmehr durch ihr buntes Laub. Heute werden buntlaubige Sorten zum Teil wieder vermehrt angeboten (z. B. die Menuett-Serie). Man verwendet sie besonders zur Teppichbeetpflanzung in öffentlichen Anlagen sowie für Rabatten.

Wie unterscheiden sich Geranien und Pelargonien?

Zur Familie der Storchschnabelgewächse oder Geraniaceae (gr. geranos = Kranich) zählen fünf Gattungen. Nur zwei davon sind für uns besonders wichtig: *Geranium* und *Pelargonium* (gr. pelargos = Storch). Ursprünglich wurden sie beide einer Gattung zugeordnet; doch auf Anregung des Franzosen L'Héritier nahm der Direktor des Botanischen Gartens in Kew, London, Aiton, 1789 eine Trennung vor und brachte eine Veröffentlichung über die Gattung *Pelargonium* heraus. Im Volksmund aber werden die Pelargonien bis auf den heutigen Tag noch immer als Geranien bezeichnet.

Botanisch gesehen unterscheiden sich jedoch beide Gattungen. *Geranium* bildet eine strahlig-symmetrische Blüte (Bild 8), ohne Sporn, mit zehn fertilen (fruchtbaren) Staubgefäßen. Die Grannen der Früchte rollen sich bei der Reife uhrfederartig auf.

Pelargonium bildet dagegen hälftig symmetrische Blüten (Bild 8) mit einem am Blütenstiel angewachsenen Sporn sowie zehn Staubgefäßen, von denen höchstens sieben fertil sind. Die Grannen rollen sich korkenzieherartig oder schraubig zusammen.

Zur Gattung *Geranium* werden heute vorwiegend solche Pflanzen gezählt, die im Garten als Stauden an sonnenreichen Plätzen verwendet werden.

Die Gattung *Pelargonium* umfaßt die als Topf-, Beet- und Balkonpflanzen verwendeten Arten, die im Laufe von vielen Jahrzehnten durch Hybridisation und weitere züchterische Arbeit entstanden sind.

Die Gattung *Geranium* umfaßt heute rund 300 Arten, die besonders in der gemäßigten Zone unserer Erde beheimatet sind. Einige von ihnen, vor allen Dingen *Geranium platypetalum* finden im Garten Verwendung.

Die Gattung *Pelargonium* umfaßt ca. 250 Arten, die mit wenigen Ausnahmen im südlichen Kapgebiet beheimatet sind. Mit ihnen befaßten sich die Züchter schon frühzeitig und entwickelten vor allem die Zonalpelargonien (*Pelargonium-Zonale*-Hybriden), Efeupelargonien (*P.-Peltatum*-Hybriden) und die

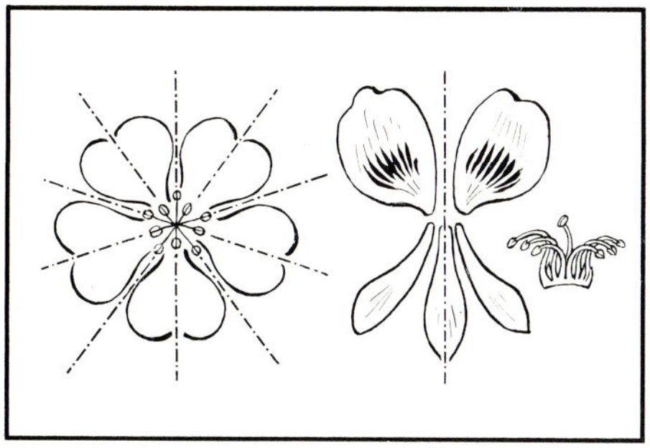

Bild 8. Die Grundform der Blüten ist bei Geranien strahlenförmig (radiär oder radiärsymmetrisch) (links), bei Pelargonien längssymmetrisch (zygomorph) (rechts).

Edelpelargonien (*P.-Grandiflorum*-Hybriden).

Als botanische Besonderheit besitzen die Pflanzen der Gattung *Pelargonium* an den Blättern neben normalen Haaren auch rundköpfige Drüsenhaare mit sekretartigem Inhalt. Diese Sekretzellen enthalten "Geranol", ein dem Rosenöl nahestehender Stoff, der chemisch auch dem Duftstoff der Zitrone, dem "Citral" ähnlich ist. Einige Arten sind mit diesen Dufthaaren besonders reich ausgestattet und werden deshalb als Duftpelargonien in Töpfen kultiviert. Dazu zählen z. B. *P. graveolens,* die Rosengeranie und *P. odoratissimum,* die Zitronengeranie (vgl. Seite 73).

Zu den praktisch-botanischen Besonderheiten gehört die heimatbedingte Anpassungsfähigkeit der Pelargonien an trockene Standorte. Die weitlumigen Zellen der Triebe und Stengel sind als Wasserspeicher ausgebildet und somit in der Lage, gewisse Trockenperioden gut zu überstehen. Für die gärtnerische Kultur nicht interessant sind geradezu sukkulente Arten, die meist kurze, fleischige Stämme bilden und die während der Ruheperiode sogar ihre Blätter abwerfen. Auf Grund dieser Beschaffenheit können sie in ihrer Heimat Südafrika lange Trockenzeiten überdauern. In Europa muß sie der Pflanzensammler wie andere Sukkulenten an einem hellen, sonnigen Standort kultivieren und darf dabei nur sehr vorsichtig gießen.

Gruppierung der beiden Gattungen

Aufgrund der natürlichen und züchterischen Entwicklung lassen sich die für den Gartenbesitzer und Blumenfreund interessanten Pelargonien und Geranien nach folgendem Schema gruppieren:

Pelargonien

Zonalpelargonien (*Pelargonium-Zonale*-Hybriden) einschließlich der buntlaubigen Chimären

Efeupelargonien (*Pelargonium-Pelta-*

tum-Hybriden) einschließlich der Halbpeltaten
Edelpelargonien (*Pelargonium-Grandiflorum*-Hybriden)
Duftpelargonien. Pelargonien mit stark duftenden Blättern für die Zimmerpflanzenkultur (Rosen- und Zitronengeranien), fast ausschließlich Wildarten.

Geranien
Geranien (*Geranium*) als Stauden für den Garten.

Pelargonien

Zonalpelargonien und Efeupelargonien

Da diese beiden Gruppen sich in vielfacher Hinsicht ähnlich sind, ist es zweckmäßig, die Verwendung und Kultur gemeinsam zu behandeln. Wo Unterschiede zwischen beiden Gruppen auftreten, wird darauf gesondert hingewiesen.

Verwendung

Pelargonien lassen sich sehr vielseitig verwenden; Voraussetzung für eine erfolgreiche Kultur ist jedoch, daß ihre Ansprüche weitgehend erfüllt werden (Bild 30). Während der Sommermonate pflanzt man sie vor allem ins Freiland und auf den Balkon in vollsonniger Lage. Fürs Zimmer eignen sich Pelargonien nur in beschränktem Umfang. Da es zwischen den einzelnen Gruppen und Sorten gewisse Unterschiede hin-

Bild 9. In einem Pflanzkübel lassen sich selbst Pyramiden aus Pelargonien heranziehen. Aufnahme E. Gugenhan

sichtlich der Verwendungseigenschaften und Haltbarkeit gibt, sollte man bei der Auswahl der Pflanzen darauf achten. Dadurch hat man die Gewähr, daß sich die Pflanzen den eigenen Vorstellungen entsprechend entwickeln.

Balkon und Fensterbrett

Am häufigsten verwendet man die Pelargonien zum Bepflanzen von Balkon- und Fensterkästen. Hier haben sie sich in den letzten Jahrzehnten zu den wichtigsten Gewächsen überhaupt entwikkelt. Die Pelargonien zeichnen sich für diesen Zweck durch so viele und große Vorzüge aus, daß keine andere Gattung sie darin übertrifft. Eine hervorstechende Eigenschaft dieser Pflanzen: Sie entwickeln sich im Balkonkasten vollkommen normal und bringen, wenn man ihre Ansprüche berücksichtigt, beste Kulturergebnisse. Der Blütenflor hält vom Auspflanzen im Frühjahr bis zum Herbst ununterbrochen an. Weitere Vorzüge: Die Pelargonien sind gegen Hitze, Wind und Regen recht widerstandsfähig. Sie übertreffen darin die meisten übrigen Balkonpflanzen. Auch nehmen sie Schwankungen in der Bodenfeuchtigkeit und Ernährung lange Zeit nicht übel, so daß selbst bei nicht ständiger achtsamer Pflege ein gewisser Kulturerfolg zu erzielen ist (Bild 35).

Im Laufe der Zeit hat sich das Sortiment so ausgeweitet, daß sehr viele Typen für die verschiedensten Zwecke entstanden sind. Schon durch die verschiedenen Gruppen (*Zonale-* und *Peltatum-*Hybriden sowie ihre Kreuzungen) mit aufrecht stehendem und hängendem Charakter gibt es die verschiedensten Verwendungsmöglichkeiten. Hinzu kommt das reiche Farbenspiel der zahlreichen Sorten, das heute fast alle Farbtöne von Rosa, Lachs über Rot, Lila und Weiß enthält. Auch mehrfarbige Sorten gibt es im Angebot. Bei der Auswahl richte man sich nach dem eigenen Geschmack, weiteren Begleitpflanzen und nach der Umgebung des Standortes. Vor einer hellen Hausfassade wird man eher zu einer kräftigen Blütenfarbe greifen und umgekehrt.

Zu unterscheiden ist noch zwischen einfach- und gefülltblühenden Sorten. Während die gefülltblühenden eine größere Blütenpracht hervorrufen und daher meist größere Fernwirkung haben, sind die einfachblühenden oft widerstandsfähiger gegen Witterungseinflüsse und "putzen" sich selbst, d. h. sie werfen die Blütenblätter nach dem Verblühen ab, so daß sie immer sehr sauber aussehen.

Dadurch können die Pflanzen nach feuchten Witterungsperioden schneller abtrocknen, was die Gefahr von Krankheitsinfektionen, besonders Grauschimmel wesentlich verringert.

Man verwendet vorwiegend Zonalpelargonien und zwar die mittelhohen und hohen Sorten mit mittelstarkem bis starkem Wuchs, dazu in vermehrtem Maße Efeupelargonien oder die Kreuzungspartner aus beiden Gruppen. In letzter Zeit zeichnet sich ein Trend zu kompakten Sorten hin ab, die mehr Blüten auf kleineren Einheiten bringen.

Bild 10. Pelargonien unter sich bewirken eine ruhige, unaufdringliche Bepflanzung. Hier steht der weißblühende Schlingknöterich (*Polygonum*) in angenehmem Kontrast zu dem leuchtenden Rot der Balkonpflanzen. Aufnahme E. Gugenhan

Im Balkonkasten wirken Pelargonien für sich allein ebenso schön wie mit anderen Pflanzen zusammen (gemischte Bepflanzung). Im ersten Fall ergibt sich eine sehr gleichmäßige, einheitlich wirkende Bepflanzung (Bild 10), die bei Auswahl der richtigen Sorten sehr wirkungsvoll sein kann. Eine gewisse Eintönigkeit in der Farbwirkung muß man dabei in Kauf nehmen. Für die gemischte Bepflanzung eignen sich Pelargonien unterschiedlicher Wuchsformen und Blütenfarben, doch sind auch die Wuchseigenschaften der anderen Sommerblumen zu berücksichtigen. Alle Pflanzen sollten in Farbe und Wuchsform aufeinander abgestimmt sein. Dadurch entsteht eine gewisse Bewegtheit im gesamten Erscheinungsbild. Auch in den Standortansprüchen müssen die Pflanzen harmonieren. Zu Pelargonien passen nur sonnenverträgliche Gewächse. Schattenliebende Pflanzen würden an sonnenreichen Balkonen zu Mißerfolgen führen.

Einzelpflanzung. In der Regel lassen sich Pelargonien problemlos als Einzelpflanzen verwenden. Man wählt dazu vorwiegend mittelstark wachsende Zonalpelargonien mit aufrechten Trieben. Da meist eine gewisse Einheitlichkeit

Bild 11. 'Schöne von Grenchen' ist eine der bekanntesten Halbpeltaten. Aufnahme E. Gugenhan

erwünscht ist, sollte man sich nur auf eine Sorte beschränken.

Für diesen Zweck haben sich in den letzten Jahren die sogenannten Halbpeltaten besonders stark durchgesetzt. Als Kreuzungen zwischen *Zonale*- und *Peltatum*-Pelargonien bilden sie meist längere, mittelstarke Triebe, die teilweise aufrecht wachsen, teilweise hängenden Charakter haben. Dadurch entsteht eine größere Blütenfläche (Bild 12), die wirkungsvoller und insgesamt attraktiver wird. Eine Hauptsorte dieser Gruppe ist die 'Schöne von Grenchen' (Bild 11). Sie entstand vor etwa 30 Jahren aus der damals weit verbreiteten 'Pierre Crozy'. Seit etwa 25 Jahren ist sie im Handel und hat nahezu alle anderen Sorten verdrängt. Bekannt sind daneben 'Schöne Schwarzwälderin', 'Blauer Frühling' und 'Hönnefavorit'.

Eine völlig neue Pelargonien-Generation ist durch die Wiederentdeckung der *Pelargonium-Peltatum*-Hybriden 'Ville de Paris' entstanden (Bild 12).

Die Züchtung selbst war um die Jahrhundertwende besonders erfolgreich, und die damals gezüchteten Sorten haben sich bis Mitte dieses Jahrhunderts erhalten. Einige bekannte Sorten kamen noch hinzu, von denen vor allem 'Rigi' und 'Santa Paula' bis in unsere Tage verwendet werden. Die erneut eingeführte Sorte 'Ville de Paris' hat jedoch alles übertroffen. Sie war ab 1961 wieder in Frankreich bekannt geworden und seit 1965 in der Bundesrepublik erhältlich. Zunächst gab es die Farben Rosa und Rot im Handel. Da sich diese Sorten sehr schnell verbreiteten, haben Züchter sie verbessert und neue Farbtöne entwickelt. Sie kamen unter den verschiedensten Sortenbezeichnungen in den Handel, z. B. 'Balcon Imperial' oder 'Feuercascade' und 'Balcon Lilas' oder 'Lilacascade'.

Heute gibt es eine ganze Serie dieser Sorten mit einfachen und gefüllten Blüten in den verschiedensten Farbtönen. Sie alle können einzeln verwendet werden, wobei die dünnen, langstengeligen Triebe an optimalen Standorten überhängend ganze Blütenkaskaden bilden und die aufrechtwachsenden sich gegen eine etwa vorhandene Rückwand leh-

Pelargonien unter sich. Die einfachste Möglichkeit besteht in der Kombination verschiedener Pelargonien. In der Regel wird man stark- und hochwachsende Zonalpelargonien gemeinsam mit Peltaten im Balkonkasten auspflanzen. Voraussetzung für gutes Gedeihen ist jedoch ein ausreichend geräumiger Kasten, damit sich die Pflanzen gut entwikkeln können. Man setzt die aufrechtwachsenden Zonalpelargonien in die hintere Kastenhälfte, die Efeupelargonien in die Zwischenräume davor nen. Dadurch entsteht eine Gesamtwirkung besonderer Art.

Bild 12, links. Efeupelargonien entwickeln lange Triebe, die aufrecht oder überhängend wachsen und dadurch eine größere Blütenfläche bilden. Eine sehr beliebte Sorte: 'Ville de Paris'. Aufnahme E. Gugenhan

Bild 13, unten. Die starkwüchsigen, aufrechten Zonalpelargonien setzt man in die hintere Kastenhälfte, die überhängenden Efeupelargonien auf Lücke davor. Aufnahme Dr. Jesse

Jedoch muß hier schon darauf hingewiesen werden, daß die *Peltatum*-Pelargonien im allgemeinen etwas günstigere Kulturbedingungen erfordern und diese Pflanzengruppe, sofern man eine Überwinterung und eigene Vermehrung vorsieht, mit größerer Umsicht zu behandeln ist.

Gemischte Bepflanzung. Eine gemischte Bepflanzung läßt sich aus zwei verschiedenen Pelargonien-Gruppen zusammenstellen oder aus Pelargonien und anderen Sommerblumen, wobei die Pelargonien als Leitpflanzen dienen (Bild 1).

(Bild 13). Je nach Geschmack lassen sich zwei rotblühende Sorten oder z. B. eine rotblühende Zonalpelargonie mit rosablühenden Efeupelargonien kombinieren. Natürlich können auch verschiedenfarbene Sorten oder, was heute sehr in Mode gekommen ist, lilafarbene mit andersfarbenen Sorten gemischt werden (Bild 13).

Neben einer gemischten Bepflanzung nur aus Pelargonien, gibt es viele weitere Kombinationsmöglichkeiten. Hier einige Beispiele:

Zonalpelargonien und eine Sommerblumengattung. Hier erzielt man eine besondere Farbwirkung durch das Zusammenpflanzen einer Sorte von Zonalpelargonien und einer besonders üppig blühenden, kontrastreichen Sommerblume. Diese soll im Wuchs etwas niedriger und kompakter sein, damit sich eine gewisse Abstufung ergibt. Man pflanzt sie vor die Zonalpelargonie. Bei solchen Gemeinschaftspflanzungen bilden gelbblühende Tagetes sowie Petunien gute Partner für die Pelargonien. Unter den Tagetes wählt man in der Regel Sorten der *Tagetes-Patula*-Hybriden, die sich durch einen buschigen, niederen Wuchs auszeichnen. Sie blühen in leuchtend gelben, in gelb und braun gemischten und überwiegend braunen Farbtönen. Tagetes haben dazu noch den Vorzug, daß sie sehr widerstandsfähig sind und lange blühen. Auch *Tagetes tenuifolia* eignet sich dafür.

Besonders beliebt ist die Kombination mit Petunien. An sonnenreichen, geschützten Stellen blühen diese Pflanzen von Mai bis zum Frost in ununterbrochener Folge. Ähnlich den Efeupelargonien bilden sie lange, dünne Triebe, die im Laufe der Zeit weit über den Balkonkasten hinabhängen. Sie sind während schöner Witterungsperioden übersät mit trichterförmigen Blüten in leuchtenden Farben.

Bild 14. Rote Zonalpelargonien passen gut zu weißen, violetten und rosafarbenen Petunien. Aufnahme Dr. Jesse

Rote Pelargonien kann man mit weißen, rosafarbenen oder zweifarbenen Petunien mischen. Lachs- oder rosafarbene Pelargonien sehen zusammen mit roten oder zweifarbigen Petunien sehr hübsch aus (Bild 14).

Bild 15. Die gelbe Pantoffelblume bildet einen schönen Gegensatz zu dem leuchtenden Rot der Efeupelargonien. Aufnahme E. Hase

Bild 16, rechts. Zarte Pastelltöne der Zonalpelargonien kommen vor dem dunklen Violett der Heliotropblüten und dem warmen Gelb der Ringelblumen überaus schön zur Geltung. Aufnahme S. Henrich

Wie Tagetes und andere Sommerblumen bezieht man auch die Petunien alljährlich neu vom Gärtner. Eine eigene Anzucht ist möglich, wenn ein Kleingewächshaus oder ein klimatisierbarer Frühbeetkasten zur Verfügung stehen. Im Angebot des Gärtners finden sich meistens Sorten der *Petunia-Grandiflorum*-Hybriden. Sie haben etwa Mitte Mai, wenn sie verkauft werden, besonders schöne, große, imposante Einzelblüten. Daneben gibt es aber noch andere Sorten. Wer die Möglichkeit hat, eine oder mehrere Sorten der *Petunia-Multiflora*-Hybriden zu erhalten, sollte davon Gebrauch machen. Diese Hybriden besitzen wohl etwas kleinere Blüten, bringen im Sommer jedoch einen reicheren Blütenflor hervor als die *Petunia-Grandiflorum*-Hybriden, und sind dadurch oft wirkungsvoller.

Gelegentlich sieht man auch andere Kombinationen, so zum Beispiel Pelargonien mit *Begonia-Semperflorens*-Hybriden (*Semperflorens*-Begonien), *Calceolaria integrifolia* (Pantoffelblume) (Bild 15), *Impatiens* (Fleißiges Lieschen) oder Margeriten (vgl. Bild 20).

Besonders wirkungsvoll ist die Kombination gelbblühender Sommerblumen mit roten Pelargonien. Erst vor wenigen Jahren kam die *Pachystachys* als Zimmertopfpflanze in den Handel. Sie wächst relativ stark und bildet leuchtend gelbe Blütenstände aus. In Wirklichkeit handelt es sich dabei um gelbe Hochblätter, zwischen denen die eigentlichen Blüten nur unscheinbar weiß für kurze Zeit erscheinen. Die auffallend gelben Hochblätter sind außerordentlich langlebig. Es hat sich gezeigt, daß diese *Pachystachys* sich ausgezeichnet im Balkonkasten kultivieren läßt. Nur sollte man zu hochwachsenden Pelargonien niedere *Pachystachys* auswählen, damit diese die Pelargonien im Laufe des Jahres nicht verdecken. Bei richtiger Gruppierung läßt sich durch die Farb-

kombination Rot und Gelb dieser beiden Gattungen ein hervorragender Gesamteindruck erzielen.

Zonalpelargonien und mehrere Sommerblumengattungen. Besonders hübsche Effekte ergeben sich durch die Mischung von Pelargonien mit mehreren Sommerblumengattungen. Durch die unterschiedlichen Wuchsstärken und -höhen sowie durch die verschiedenartigen Blütenformen und -farben entsteht eine besondere Wirkung, die bei guter Zusammenstellung außerordentlich reizvoll und attraktiv sein kann.

Neben den schon erwähnten Sommerblumen, die hier mit bestem Erfolg verwendet werden können, eignen sich für diesen Zweck auch noch *Salvia*-Hybriden (Salvien), *Verbena*-Hybriden (Eisenkraut), niedere *Tagetes-Erecta*-Hybriden, *Sanvitalia procumbens* (Husarenknopf), *Senecio bicolor, Lantana-Camara*-Hybriden (Wandelröschen), niedere *Dianthus chinensis* (Nelken) und für sehr sonnige Lagen auch *Heliotropium* (Sonnenwende) (Bild 16) sowie *Gazania*-Hybriden (Gazanien). Auch die strauchige *Chrysanthemum frutescens* (Margeriten) mit ihren weißen Körbchenblüten (Bild 20) paßt gut hierher. Sie schafft gewisse Höhepunkte und überragt in manchen Fällen die Pelargonien. Das muß man beim Einpflanzen beachten und genügend Abstand zu den anderen Gewächsen einhalten. Natürlich können auch andere Sommerblumen Verwendung finden, doch sind sie oft nicht so widerstandsfähig oder haben nur eine zeitlich begrenzte Blühdauer.

Auch die Kombination roter Zonalpelargonien mit blaublühenden Sommerblumen kann sehr effektvoll sein. Neben Petunien eignen sich hierfür Leberbalsam (*Ageratum houstonianum*) sowie die hübschen Lobelien (*Lobelia-Erinus*-Hybriden, Bild 23) recht gut. Die herrlich blau blühenden Lobelien sind dünnstengelige, etwas empfindliche Gewächse und sollten nur in geschützten Lagen verwendet werden. Durch die langen Triebe neigen sie zum Überhängen und bilden unter günstigen Voraussetzungen wunderhübsche Blütenpolster. Die normalen, aus Samen vermehrten *Ageratum*-Sorten bilden jedoch einen etwas ungleichen Wuchs und einen uneinheitlichen Blütenflor. Anders ist es bei *Ageratum*-Stecklingen oder F_1-Hybriden. Auch letztere sind aus Samen hervorgegangen, durch die verwendete Züchtungsmethode aber völlig ausgeglichen im Wuchs und in der Ausbildung der Blüten.

Schalen und Kübel

An zweiter Stelle steht die Verwendung der Pelargonien für die Schalen- und Kübelbepflanzung. Da die Behälter oftmals nicht ortsfest, sondern beweglich sind, spricht man im Fachjargon oft auch vom "Mobilen Garten" (Bild 17).

Gefäße. Das Material der Gefäße spielt zunächst überhaupt keine Rolle. Für die Pflanzengemeinschaften sind nur die Größe des Gefäßes und der Standort von Bedeutung. Die Gefäße müssen mindestens so groß sein, daß die Pelargonien bequem darin Platz finden. Flache, zu kleine Schalen sind ungeeignet. Je größer das Gefäß, umso bessere Kulturerfolge sind zu erwarten.

Geeignete Pflanzen. Für Pflanzengefäße

Bild 17, oben. „Mobile Gärten“ harmonisch gruppiert vor einem ruhigen Hintergrund, steigern sich gegenseitig in der Wirkung. Aufnahme flora-bild

Bild 18, rechts. Selbst in kleineren Gefäßen wie dieser Schale geben zwei Pelargoniensorten in verschiedenen Blütenfarben noch ein ansprechendes Bild. Aufnahme Dr. Jesse

können alle die Gattungen, Arten und Sorten neben den Pelargonien verwendet werden, die bereits behandelt worden sind. Sie lassen sich in kleinen Gefäßen ebenso hübsch arrangieren (Bild 18) wie im Balkonkasten. Auch hier besteht die Wahl zwischen gemischter Bepflanzung und reiner Pelargonienbepflanzung. Wer sich für Pelargonien allein (Bild 19) entscheidet, kann wiederum auf Zonal- oder Efeupelargonien oder die Kreuzungsprodukte bei-

Bild 19. Interessante Behälter lassen sich ohne weiteres nur mit Pelargonien einer Sorte, hier 'Penny Irene', bepflanzen. Aufnahme E. Gugenhan

der Gruppen zurückgreifen und je nach Größe des Gefäßes aufrechtwachsende mit hängenden Pelargonien mischen.

Ebenso ist es mit den verschiedenen Vertretern anderer Sommerblumen. Beim Einpflanzen ist stets darauf zu achten, daß die höherwachsenden Arten und Sorten in die Mitte des Gefäßes kommen und die niedrigen an den Rand.

Je größer das Gefäß, umso bunter und vielseitiger läßt sich die "Mischbepflanzung" gestalten. In größeren Gefäßen kann man dazu nichtblühende Pflanzen eingruppieren, deren zierende Blätter besondere Effekte hervorrufen (vgl. Bilder 1, 21, 23). Besonders hübsch wirken die Buntnessel (*Coleus-Blumei*-Hybriden) mit ihren kräftigfarbenen Blättern sowie das weißfilzige Silberblatt (*Senecio cineraria,* syn. *Cineraria maritima*) und das Ruhrkraut (*Helichrysum petiolatum,* syn. *Gnaphalium lanatum*).

Gut eignen sich auch weitere Sommerblumen wie niedrige Sorten der Zinnien (*Zinnia elegans*), Einjahreschrysanthemen (*Chrysanthemum carinatum* und *C. segetum,* Bild 20) und schwachwüchsige, sogenannte Mignon-Dahlien (*Dahlia*-Hybriden).

Für ausgesprochen große Gefäße sollte man besonders attraktive Pflanzengattungen auswählen und sie sozusagen als Blickfang in die Mitte setzen. Dafür kommen eine Reihe schöner Gewächse in Frage wie Indisches Blumenrohr (*Canna-Indica*-Hybriden), Ziertabak (*Nicotiana sanderae*), Spinnenpflanze (*Cieome spinosa*) oder der besonders wuchtige Wunderbaum (*Ricinus communis*), der im Volksmund auch *Palma Christi* heißt.

Unter Umständen ist es sogar möglich, eine Kombination mit sommerblühenden Schlinggewächsen vorzunehmen, und zwar dort, wo die Gefäße vor Zäunen, Wänden oder Mauern aufgestellt sind, oder wo das Gefäß mit einem Rankgerüst verbunden werden kann. Für diesen Zweck eignen sich z. B. Schwarzäugige Susanne (*Thunbergia alata*), Kaiserwinde (*Ipomoea nil,* syn. *I. imperalis*), Trichterwinde (*Ipomoea tricolor*), Glockenrebe (*Cobaea scandens*), Duftwicke (*Lathyrus odoratus*), Zierhopfen (*Humulus luteus*) und Rankende Kapuzinerkresse (*Tropaeolum majus*). Die Kapuzinerkresse gibt es übrigens auch in einer nichtrankenden Form.

Man kann sie in größeren Gefäßen einer gemischten Bepflanzung beifügen. Als Partner zu den einjährigen Schlinggewächsen passen Pelargonien allein ebenso gut wie gemischt mit anderen Sommerblumen. Hier hat der Blumenfreund viele Möglichkeiten zur Auswahl eigener Kombinationen.
Hochstämmchen im Mobilen Garten bilden eine besonders attraktive Form der Gemeinschaftspflanzung. Sie kamen in den letzten Jahren erneut in Mode. Dazu eignen sich besonders Gattungen mit kurzen Internodien für eine standhafte Krone und kurzen Blütenstielen, die dem Wind standhalten. Man sollte sich aber genau überlegen, wie sie mit anderen Pflanzen zusammen am günstigsten in größeren Gefäßen harmonieren.
Die bevorzugten Sorten, die man für die Hochstämmchenkultur verwendet, gehören ebenfalls zu den Sommerblumen und sind deshalb nicht winterhart. Hochstämmchen im größeren Gefäß geben stets Probleme auf; entweder muß man den schweren Behälter im Herbst zum Überwinterungsraum schaffen oder

Bild 20. Besonders reizvoll, leider selten zu sehen, wirken leuchtendrote Zonalpelargonien in der Gesellschaft kleinblumigen Margeriten. Aufnahme Dr. Jesse

Bild 21, links. Für die Bepflanzung von Rabatten eignen sich am besten einfachblühende Sorten, die sich selbst reinigen. Hier eine gelungene Farbkombination aus Rot, Grün und Silbrigweiß (*Senecio bicolor*). Aufnahme E. Gugenhan

Bild 22, rechts. Für die Bepflanzung von Freilandbeeten sind viele Sorten der F_1-Hybriden, z. B. 'Sprinter', hervorragend geeignet. Aufnahme E. Gugenhan

die Pflanze herausnehmen und in einem leichter transportablen Gefäß überwintern.

Pelargonien zusammen mit Hochstämmchen von Margeriten (*Chrysanthemum frutescens*), Wandelröschen (*Latana-Camara*-Hybriden), Bleiwurz (*Plumbago auriculata*) oder Granatapfel (*Punica granatum*) sehen allerliebst aus. Auch mit Rosenhochstämmchen lassen sie sich gut kombinieren.

Für den Mobilen Garten sind Kleingehölze recht beliebt, weil sie als Dauerbepflanzung weniger Mühe machen. In dem reichen Angebot gibt es Arten und Sorten, die viele Jahre im Pflanzgefäß verbleiben können. Sie sind winterhart und brauchen deshalb nicht ins Winterquartier. Es ist natürlich gar kein Problem, ein derartiges Dauergrün mit einer der Jahreszeit angepaßten Wechselbepflanzung zu kombinieren. In diesem Falle kann man auch hier den Sommer über, neben anderen Sommerblumen, Pelargonien verwenden.

Freiland

Im Freiland kommen die Pelargonien vor allem für Beete und Rabatten (Bilder 2, 21) in Frage, aber auch hier nur am vollsonnigen Standort. Obwohl die Pelargonien einigermaßen wetterfest sind, wünschen sie naturgemäß mehr Trockenheit als Nässe. Eine Kombination mit anderen Sommerblumen, wie bereits in den vorangegangenen Kapiteln erwähnt, ist hier besonders günstig (Bilder 16, 23).

Am besten eignen sich einfachblühende Sorten (Bild 21, 24) die sich selbst reinigen und so auch nach ungünstigen Witterungsperioden noch recht ordentlich aussehen. Man überlege sich vor dem Einkauf, was dazu passen könnte und achte auf entsprechende Empfehlungen des Gärtners. Von den Zonalpelargonien eignen sich für diesen Zweck folgende bekanntere Sorten besonders gut: 'Bundeskanzler', 'Hönnefrühling', 'Verb. Paul Götz', 'Kardinal', 'Apollo', 'Westfalenkanzler', aber auch die halbgefüllten Sorten wie 'Erfolg', 'Frau Johanna Schmid', 'Sincerity', 'Westfalenstar' und 'Irene' sowie die F_1-Hybriden, die im Fachhandel oft als Sämlingspelargonien bezeichnet werden. Mit ihren einfachen Blüten entfalten sie im Sommer ein reiches Blütenmeer (Bild 25).

Bild 23. Inmitten einer Vielfalt an Farben und Formen behaupten sich die roten, weiß geäugten Blüten der 'Agnes Bernauer'. Aufnahme S. Henrich

Sorten mit kräftig gezeichneten Blättern können auf Freilandbeeten ebenfalls hübsch wirken. Manche wie 'Stadt Bern' (Bild 24) mit schwarz-grün-ledrigem Laub und starkem Wuchs oder 'Vesuv' mit mittelgrünem Laub und kompaktem Wuchs verwendet man gern dazu. Auch für die buntlaubigen Sorten gibt es hier Verwendungsmöglichkeiten. Noch vor 100 Jahren gab es davon 300 verschiedene Sorten; heute sind es kaum noch zehn. Zu nennen wären etwa 'Goldpapa', 'Mad. Salleron', die manchmal fälschlicherweise auch unter der Bezeichnung 'Mad. Salleray' geführt wird. Neu ist die Menuett-Serie.
Für Beeteinfassungen und für Steingärten wählt man besser schwachwüchsige und die buntlaubigen Pelargonien (Bild 7). Die Standortverhältnisse und das Klima sagen ihnen dort, ihrem Charakter entsprechend, besonders zu.

Grabschmuck

Die Gräber auf Friedhöfen werden vielerorts sehr unterschiedlich geschmückt. Allgemein paßt man sich den örtlichen Sitten und Gegebenheiten an. Oft ist es üblich, den Sommer über die einzelnen Gräber mit Sommerblumen zu bepflanzen. Pelargonien mit gedrungenem Wuchs, die sich für die Kultur im Freiland eignen, sind hier durchaus angebracht. Man pflanzt sie direkt auf die Grabstelle oder in Schalen zum Daraufstellen. Die entsprechenden Sorten bezieht man am besten direkt vom Friedhofsgärtner. Geeignet sind z. B.: 'Bundeskanzler', 'Erfolg', 'Glarona', 'Hannchen Ander', 'Hönnefrühling', 'Empress' (Bild 1), 'Verb. Paul Götz', 'Kardinal', 'Westfalenstar' und sämtliche 'Irene'-Sorten sowie die Sämlingspelargonien (Bilder 22, 25). Geeignet sind auch die buntlaubigen Sorten zum Beispiel der Menuett-Serie und Sorten wie etwa 'PAC Purpurball'. Auf unbeschatteten Gräbern können sich die Pflanzen, wie überall im Freiland, völlig normal entwickeln. Man prüfe daher vor der Bepflanzung, ob das Grab auch ausreichend Sonne bekommt, denn zu viel Schatten würde die Blütenbildung beeinträchtigen.

Zimmerpflanzen

Wie erwähnt, sind Pelargonien keine typischen Zimmerpflanzen. Sie lieben frische Luft und benötigen vor allen Din-

Bild 24. Die 'Stadt Bern' mit ihrem kräftiggezeichneten, schwarzgrünen, derben Laub eignet sich gut für sonnige Freilandbeete. In ihrer Blütenfülle ist sie unübertroffen. Aufnahme E. Gugenhan

gen sehr viel Licht. Wer jedoch in einem geeigneten Raum ein vollsonniges Südfenster besitzt, kann es dort mit der Kultur durchaus probieren. Man verwendet dazu fast ausschließlich kleinblättrige Zonalpelargonien mit kompaktem Wuchs, bevorzugt die gefüllten Sorten der Barock-Serie, weil sie im Raum den Unbilden der Witterung nicht ausgesetzt sind und hier ihre Blüten gleichmäßig schön bleiben.
Als typische Topfpflanzen kommen u. a. folgende Sorten in Betracht: 'Flirt', 'Dank Red Irene', 'Empress' (Bild 1), 'Verb. Rubin', 'Verb. Götz', 'Hönnefrühling' und 'Agnes Bernauer' (Bild 23). Wer eine Pelargonie als Zimmerpflanze kultivieren will, sollte aber doch eher zu einer Edelpelargonie greifen.

Vermehrung und Anzucht

Pelargonien lassen sich vegetativ oder generativ vermehren. Bei der vegetativen Vermehrung zieht man die Nachkommen aus Stecklingen, den sogenannten Kopfstecklingen, bei der generativen Vermehrung aus Samen heran. Beide Methoden sind im Erwerbsgartenbau üblich, obwohl die Vermehrung durch Stecklinge immer noch im Vordergrund steht. Auch der Blumenfreund kann Pelargonien durch Kopfstecklinge vermehren. Der Erwerbsgärtner schneidet die Stecklinge meist im Laufe des Spätherbstes oder im Winter, der Blumenfreund beginnt damit bereits im Sommer oder Spätsommer, denn um diese Zeit fällt genügend gutes Stecklingsmaterial an, und die Sicherheit der Bewurzelung ist in den Sommermonaten größer als im Winter.

Vegetative Vermehrung

Voraussetzung für die Anzucht von Pelargonien aus Stecklingen ist eine einwandfreie Mutterpflanze. Die Pflanze, von der man die Stecklinge abnimmt, sollte frohwüchsig und blühfreudig – und, was sehr wichtig ist, völlig gesund sein. Leider werden bei der vegetativen Vermehrung häufig Pilz- und Bakterienkrankheiten (sogenannte Mykosen und Bakteriosen) auf die Jungpflanzen übertragen.

Bild 25. Sämlingspelargonien, hier die Sorte 'Ringo', blühen im Sommer überreich. Aufnahme E. Gugenhan

Dadurch werden die Krankheitskeime den Pflanzen sozusagen schon in die Wiege gelegt; sie schädigen aber nicht nur die jeweilige Pflanze, sondern werden auch auf benachbarte, zum Zeitpunkt der Vermehrung noch gesunde Pflanzen übertragen. Übrigens tierische Schädlinge, besonders Blattläuse, sind ebenfalls Überträger von Krankheiten, den sogenannten Virosen. Man achte daher auf völlig einwandfreie Mutterpflanzen.

Gewinnung der Stecklinge. Am besten schneidet der Hobbygärtner seine Kopfstecklinge zwischen Juli und September (Bild 26), weil um diese Zeit die klimatischen Verhältnisse besonders günstig sind für ein schnelles und gutes Bewurzeln der Stecklinge. Zum Stecklingsschnitt verwendet man ein sogenanntes Stecklingsmesser oder sonst ein scharfes Messer. Als Kopfstecklinge eignen sich kräftige Triebe von 7 bis 12 cm Länge, an denen drei bis vier gut ausgebildete Blätter sitzen. Man schneidet am besten direkt unter oder über einem Blattknoten, wo sich besonders viele Reservestoffe befinden, die hernach die Bewurzelung fördern. Man kann auch zunächst ein längeres Stengelstück abschneiden und es danach sauber nachschneiden.

Nun putzt man den Steckling, d. h. entfernt das unterste Blatt sowie etwaige Nebenblättchen und Blütenansätze. Sie könnten während der Bewurzelung absterben, in Fäulnis übergehen und dadurch den Steckling gefährden.
Wer Freude am Experimentieren hat, kann auch eine Vermehrung aus Stengelteilen probieren. Dazu verwendet man ein Stengelstück mit einem Blatt und einem schlafenden Auge oder gar nur ein halbes Stengelstück mit Blatt und Auge; dann aber sollte das Auge bereits am Austreiben sein, um ein Weiterwachsen nach der Wurzelbildung zu gewährleisten. Diese Art der Vermehrung führt der Erwerbsgärtner gelegentlich bei wertvollen Neuheiten durch, sie kann aber durchaus auch vom Liebhaber nachgeahmt werden.
Stecken. Der Steckling kann nun sofort oder nach einiger Zeit gesteckt werden. Während Stecklinge anderer Pflanzen immer sofort in das Vermehrungssubstrat kommen, können Pelargonien ohne Nachteile vor dem Stecken einige Stunden in einem kühlen Raum etwas antrocknen bzw. anwelken.
Gesteckt wird entweder zu mehreren in kleine Handkisten oder Töpfe. Man kann auch für jeden Steckling einen kleinen 6- oder 7-cm-Topf verwenden. Das Material des Topfes, ob Kunststoff oder Ton, spielt keine Rolle.
Substrat. Als Substrat eignet sich eine Mischung aus Torf und Sand zu gleichen Teilen. Während der Torf wasserhaltende Eigenschaften aufweist, sorgt der Sand für die notwendige Durchlässigkeit und Luftführung. Es können aber auch Torfquelltöpfe, wie sie unter der Bezeichnung Jiffy-7 im Handel sind, verwendet werden. Bei diesen ist nur darauf zu achten, daß sie bereits mit

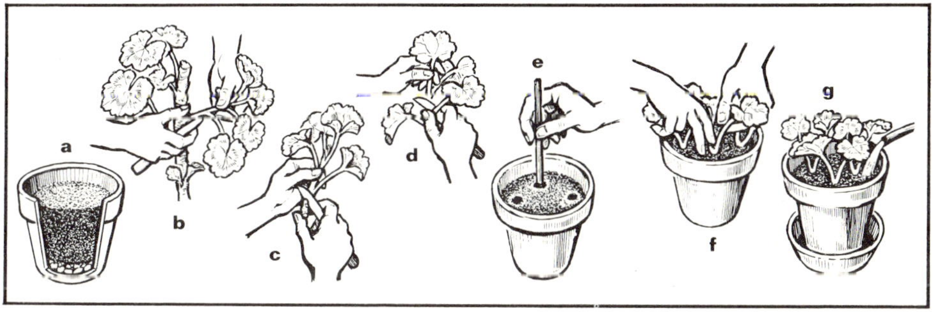

Bild 26. a *Stecklingstopf.* Zunächst Tonscherben als Drainage, darüber Sand/Torf-Gemisch (1:1) einfüllen.
b *Stecklingsschnitt.* End- oder Seitentriebe mit mindestens 4 gut ausgebildeten Blättern dicht am Haupttrieb abschneiden (7 – 12 cm lang).
c *Steckling vorbereiten.* Stengel direkt unter dem untersten Blatt abschneiden.
d *Steckling putzen.* Die beiden untersten Blätter, auch Nebenblättchen und Blütenansätze entfernen.
e *Löcher zum Stecken vorbereiten.* Mit einem Stab oder Pikierholz Löcher am Topfrand entlang in das Substrat stechen.
f *Stecken.* Stecklinge flach stecken, damit keine Fäulnis an der Schnittfläche entsteht.
g *Wässern.* Stecklinge gut angießen und an hellen, nicht sonnigen Platz stellen.

Nährstoffen versorgt sind und deshalb während der Bewurzelungszeit nie austrocknen. Andernfalls können Schädigungen durch die vorhandenen Salze an den feinen Wurzeln auftreten.
Die Stecklinge werden flach und fest gesteckt, bei mehreren in einem Tontopf möglichst nahe am Topfrand. Die poröse Topfwand wirkt sich günstig auf die Bewurzelung aus. Keinesfalls darf der Steckling zu tief im Substrat stecken, da sonst durch Luftmangel und Wasserüberschuß Fäulnis auftreten kann.

Standplatz. Die so bestückten Gefäße stellt man an einen hellen, doch nicht vollsonnigen Platz, am besten ans Fensterbrett. Der Standort soll zugfrei sein. Ein zusätzliches Einhüllen der Stecklinge in Plastikfolie ist nicht erforderlich. Das kann hier sogar nachteilig sein, da sich die Luftfeuchtigkeit darunter stark erhöht und Fäulnis begünstigt. Die Stecklinge gießt man an und hält sie in den nächsten Wochen gleichmäßig feucht, bewahrt sie jedoch vor zu starker Nässe. Ein leichtes Antrocknen, keinesfalls Austrocknen, ist nicht nachteilig.

Andere Maßnahmen. Weitere, oftmals angepriesene Maßnahmen sind nicht erforderlich. So braucht man die Stecklinge keinesfalls an der Schnittstelle zu spalten. Früher klemmte man ein Getreidekorn in die Schnittstelle. Wenn es keimte, sollte die Bewurzelung des jeweiligen Stecklings vollzogen sein. Diese "Hausrezepte" sind heute überholt, da sie keine Vorteile mit sich brachten. Auch die Behandlung mit Bewurzelungshormonen ist bei Pelargonien nicht üblich, ja gar nicht angebracht. In Einzelfällen kam es dadurch zu Schädigungen. Besondere Hinweise zur Temperatur sind nicht erforderlich, da die Vermehrung in den Sommermonaten stattfindet. Ansonsten liegen die optimalen Werte zwischen 18 und 20° C.

Bewurzelungsdauer. Die Bewurzelungsdauer beträgt etwa drei bis vier Wochen. Schon nach wenigen Tagen hat sich ein Wundgewebe, der Kallus, gebildet. Damit ist der erste Schritt zur Bewurzelung getan.

Düngung. Einige Zeit nach der Wurzelbildung kann man die Stecklinge in dem Vermehrungssubstrat, das naturgemäß nährstoffrei ist, mit einer 0,05- bis 0,1%igen Volldüngerlösung gießen. Dazu löst man 0,5 bis 1 ml oder g eines Blumenvolldüngers in 1 l Wasser. Mit dieser "Kindernahrung" können sie einige Zeit überdauern und so einen stabilen, guten Wurzelballen ausbilden. Die Düngung kann nach zwei Wochen wiederholt werden.

Weiterkultur. Die Weiterkultur hängt ab vom Vermehrungsort, den Gefäßen, dem Vermehrungszeitpunkt u. a. In der Regel löst man die kräftig bewurzelten Jungpflanzen vorsichtig aus dem Vermehrungssubstrat, möglichst ohne die Wurzel zu beschädigen, und pflanzt sie in kleine Töpfe (Durchmesser 7 bis 8 cm).

Pflanzerde. Als Substrat dient eine humose, nahrhafte Blumenerde, die man selbst zusammenmischen kann: 1 Teil gute Garten- oder verrottete Komposterde und 1 Teil Torf. Auch übliche Blumenerde oder Torfkultursubstrate (TKS) eignen sich dafür. Die sorgfältig eingetopften Pflanzen stellt man an einen hellen Platz.

Wässern. Bis zur guten Durchwurzelung hält man die Erde mäßig feucht. Eine Vernässung ist grundsätzlich zu vermeiden. Zusätzliche Nährstoffgaben sind erforderlich, wenn das Ausgangssubstrat nährstoffarm war. Doch vermeide man eine Überdüngung, damit es im Spätherbst und Vorwinter nicht zu einem starken Durchtrieb kommt. Die Jungpflanzen müssen kurz und gedrungen in den Winter gehen.

Überwintern. Am besten bringt man sie dazu in einen kühlen, hellen Raum. Temperaturen von 8 bis 12° C reichen völlig aus.

In dieser Zeit machen die Gewächse eine gewisse Ruheperiode durch. Zu hohe Temperaturen würden sie zum Durchtrieb anregen und infolge Lichtmangels würden die Triebe lang und vergeilen. Die Pflanzen sind mehr trokken als naß zu halten.

Durchtrieb. Ab März oder Anfang April regt sich der Durchtrieb. Je nach Bedarf verpflanzt man nun die Gewächse in einen größeren Topf (Durchmesser 10 bis 12 cm) und stellt sie in einen normal temperierten Raum (18 bis 20° C Tagestemperatur) möglichst ans helle, sonnige Fenster. Die Nachttemperatur kann durchaus etwas kühler sein. Differenzen von ca. 4° C zwischen Tages- und Nachttemperatur beeinflussen die Entwicklung nicht.

Hauptwachstum. Nun beginnt die Hauptwachstumszeit, und es ist günstig, wenn man das Wachstum jetzt durch entsprechende Düngergaben unterstützt. Je nach Entwicklungsstadium kann wöchentlich eine 0,2%ige Volldüngerlösung (2 g bzw. ml Dünger in 1 l Wasser lösen) verabreicht werden. Man achte darauf, daß die Erde vor und nach der Düngung feucht ist, damit die Nährstoffe von den Wurzeln aufgenommen werden können.

Schnitt. Zonalpelargonien bilden zum Teil willig Seitentriebe, so daß ein Stutzen oder Pinzieren (Entfernen der krautigen Triebspitze) nicht erforderlich ist. Sollten die Pflanzen aber nur einen langen Haupttrieb ohne Seitentriebe bilden, muß man sie rechtzeitig stutzen: Bei Beginn der Hauptwachstumszeit schneidet man die Triebspitze ab. Sind die Pflanzen schon relativ groß, läßt sich die Triebspitze als Kopfsteckling verwenden. Wird nur die obere Vegetationsspitze weggeschnitten oder ausgebrochen, spricht man vom Pinzieren.

Sinn und Zweck dieser Arbeit ist es, die schlafenden Augen am Stengel zum Durchtrieb anzuregen. Nach dem Abschneiden der Triebspitze treiben je nach Sorte und Eigenschaft drei, manchmal auch mehr schlafende Augen aus. Da immer die obersten Augen durchtreiben, sollte man das Stutzen nicht zu hoch ausführen. Nur so ist ein gedrungener, kompakter Wuchs zu erzielen.

Efeupelargonien müssen unbedingt gestutzt werden. Nur so bilden sie willig mehrere Triebe, die zu einem buschigen Aufbau erforderlich sind. Da die Austriebe der Efeupelargonien gerne etwas überhängen, sollte man sie bei Bedarf mit kleinen Holzstäbchen stützen.

Endgültiger Standplatz. So wachsen bis etwa Anfang Mai kräftige Pflanzen heran, die sich nun langsam an das Freilandklima gewöhnen sollten. Bei günstigen Witterungsperioden gibt man ihnen einen vollsonnigen, vor Nachtfrösten geschützten Platz auf dem Balkon oder der Terrasse. Blüten werden zu dieser Zeit noch kaum vorhanden sein, weil im Zimmer zu wenig Licht war.

Nun aber setzt die Blütenbildung ein, so daß bis etwa Mitte, spätestens Ende Mai die ersten Blüten erscheinen. Das enttäuscht manchen Blumenfreund, der seine Pfleglinge mit denen des Erwerbsgärtners vergleicht. Der Gärtner kultiviert seine Pflanzen aber ständig im vollen Licht in den Gewächshäusern oder Frühbeetkästen, so daß die Bildung der Blüten früher einsetzt.

Anders ist es, wenn ein Kleingewächshaus oder ein Frühbeetkasten im Garten zur Verfügung steht. Dort können die Pflanzen schon frühzeitig aufgestellt und bis zum Einpflanzen in die Balkonkästen oder Gefäße herangezogen werden.

Die Temperaturen sollte man dort so hoch halten können, daß ein flottes Wachstum gewährleistet ist. Durch den reichlichen Lichtgenuß setzen die Pflanzen bereits Ende April die gewünschten Blüten an.

In einem beheizbaren Kleingewächshaus, das auch den Winter über die Temperatur auf etwa 8–10° C halten kann, lassen sich Pelargonien auf ideale Weise überwintern. Hier kann man sogar wie der Erwerbsgärtner die Vermehrung zu einem späteren Zeitpunkt durchführen. Man räumt die Mutterpflanzen im Herbst dort ein und kultiviert sie bei etwa 10 bis 12° C weiter. Dann schneidet man dort, zu einem beliebigen Zeitpunkt zwischen Oktober und Februar die Stecklinge und behandelt sie in der beschriebenen Weise. Zur Bewurzelung sind allerdings Temperaturen um möglichst 18° C erforderlich.

Auch die Weiterkultur erfolgt hier in der geschilderten Weise. So vermehrte und weiterkultivierte Jungpflanzen können dann bis Mitte Mai eine schöne Pflanzware ergeben.

Anwendung von Hemmstoffen. Nur der Vollständigkeit halber sei erwähnt, daß im Erwerbsgartenbau zur Erzielung gedrungener, schöner Pflanzen sogenannte Wuchshemmstoffe eingesetzt werden. Verschiedene Präparate, ursprünglich für die Landwirtschaft erprobt, haben bald auch im Gartenbau Eingang gefunden. Am bekanntesten und wohl auch am besten ist bei Pelargonien die Verwendung von Cycocel bzw. Gartenbau-Cycocel, das oft auch unter der Bezeichnung CCC geführt wird. Dieses Mittel bringt man im Jungpflanzenstadium, also kurz vor dem Einsetzen der Hauptwachstumszeit, im Spritz- oder Gießverfahren aus. Einfacher oder preiswerter ist das Spritzen. Man verwendet dazu eine 0,15%ige Lösung und kann den Spritzvorgang bei Bedarf mehrmals wiederholen.

Die Pflanzen werden dabei mit einer feinen Brause tropfnaß gespritzt. Wer als Blumenliebhaber mit einem derartigen Hemmstoff experimentieren will, kann Cycocel bzw. Gartenbau-Cycocel auch im Gießverfahren anwenden, da bei wenigen Pflanzen das Spritzen oft Schwierigkeiten bereitet. In diesem Fall kann die Konzentration 0,2–0,3% betragen. Höhere Konzentrationen führen leicht zu Verbrennungsschäden an den Pflanzen. Die Aufwandmenge ist hier je nach Topfgröße verschieden. Stehen die Pflanzen in 8- bis 9-cm-Töpfen, genügen etwa 50 ml Lösung; für den 11-cm-Topf sind etwa 70 ml Lösung pro Pflanze nötig.

Durch diese Hemmstoffbehandlung wird das Längenwachstum der Pflanzen gebremst, doch tritt keine allgemeine Wachstumsstockung ein. Nur die Stengelteile zwischen den Blattknoten wachsen langsamer und bleiben dann kürzer. Eine erfreuliche Nebenwirkung dieser Behandlung: Die Pflanzen fangen häufig früher an zu blühen.

Nach der Behandlung verfärben sich die Blätter vorübergehend oft gelblich. Diese Aufhellung wirkt aber nicht nachteilig und verschwindet nach ca. zwei Wochen wieder. Dann werden die Blätter satt dunkelgrün.

Generative Vermehrung

Bei der generativen Vermehrung handelt es sich um die Anzucht von Pelargonien aus Samen. In früheren Jahren vermehrte man die Pelargonien fast ausschließlich auf vegetativem Wege durch Stecklinge und bediente sich nur in der Züchtung der Vermehrung durch Samen. So gab es schon vor über 40 Jahren Züchter, die Möglichkeiten für eine sortenechte Vermehrung aus Samen schufen. Doch sind diese Ansätze nie von großer Bedeutung gewesen, da die Stecklingsvermehrung einfacher war und schneller Ergebnisse brachte. Erst vor etwa 20 Jahren mußten vor allem in den USA neue Wege beschritten werden, da die Pelargonien dort in immer stärkerem Maße unter Krankheiten zu leiden hatten. Die Krankheitserreger, vorwiegend Bakterien, wurden bei vegetativer Vermehrung auf die Jungpflanzen übertragen. Deshalb suchte man nach Methoden, die eine Übertragung der Erreger ausschalten, und das ist bei einer Vermehrung durch Samen möglich. Fortan schenkte man der Züchtung sogenannter F_1-Hybriden größte Aufmerksamkeit.

Eine F_1-Hybride entsteht, einfach ausgedrückt, durch Kreuzung zweier Elternrassen mit ganz bestimmten Eigenschaften. Das Produkt einer solchen Kreuzung wird als 1. Tochtergeneration ($=F_1$-Generation; **F**ilia = Tochter) bezeichnet. Nach den Mendelschen Erbgesetzen sind sämtliche Exemplare dieser 1. Tochtergeneration völlig einheitlich in Wuchs, Blütenaufbau und Blütenfarbe. Solche F_1-Hybriden gibt es in großer Zahl bei Sommerblumen und Gemüsen.

Im Laufe der Zeit entstanden auch für deutsche Verhältnisse recht interessante Sorten, die eine krankheitsfreie Aufzucht von Nachkommen garantieren. Während sich die ersten Sorten in Europa nicht bewährten, sind die Neuheiten der letzten Jahre recht erfolgversprechend. Gewisse Nachteile bestehen noch hinsichtlich der Wuchsform und der frühen Blütenbildung. Dem Erwerbsgärtner ist es aber möglich, durch Hemmstoffe diese Nachteile in gewissem Umfang zu überwinden. Die Anzucht aus Samen wird in Zukunft wohl nur für den Gartenbesitzer mit einem Kleingewächshaus interessant sein, da die Jungpflanzen für die Entwicklung einen enormen Lichtbedarf haben.

Die nur gelegentlich als Zimmerpflanzen kultivierten Pelargonien mit den wohlriechenden Blättern (Rosen- und Zitronengeranien) wurden züchterisch nicht oder kaum bearbeitet. Auch bei den staudigen Pelargonien gibt es neben den eigentlichen Arten nur wenige Sorten, die sich durch besseren Wuchs und vor allem eindrucksvollere Blüten besonders auszeichnen.

Sämlingspelargonien sind bei der Anzucht anspruchsvoller als Stecklingspelargonien. Zwar ist ihre Anzucht für den Erwerbsgärtner etwas einfacher, weil Massenvermehrungen ohne größere Schwierigkeiten möglich sind. Im allgemeinen aber benötigen sie höhere Temperaturen und vor allem sehr viel Licht. Gerade das Licht ist auch maßgebend für den Blühbeginn. Weil die Blütenbildung der Pelargonien durch den Lichtreiz ausgelöst wird, kann sich bei Sämlingspelargonien im Gegensatz zu Stecklingspflanzen der Blühbeginn verzögern. Doch viele Sorten der Sämlingspelargonien blühen im Sommer besonders reich und übertreffen dabei viele vegetativ vermehrte Sorten.

Befinden sich die Sämlingspelargonien einmal in der Hauptwachstumszeit, können sie sich sehr stark entwickeln. In der gärtnerischen Praxis ist dann der Einsatz eines Hemmstoffes unbedingt erforderlich. Nur so läßt sich ein gedrungener Wuchs erzielen. Der Gärtner spritzt zum ersten Mal mit Cycocel schon etwa 2 Monate nach der Aussaat, dann nach einem bestimmten Programm im Abstand von weiteren 20 Tagen zwei- bis dreimal zusätzlich. Die allgemeine Konzentration liegt bei 0,5%. Für den Blumenliebhaber ist diese Behandlung zu umständlich und unwirtschaftlich, da es keine Kleinpackungen von Cycocel gibt. Wer jedoch auf diesem Gebiet experimentieren will, sollte sich an dieses Rezept als Richtschnur halten.

Eine Hemmstoffbehandlung hat aber auch wie bei den Stecklingspelargonien den Vorteil, daß eine gewisse Blütenverfrühung zu beobachten ist.

Aus den genannten Gründen wird im allgemeinen für den Liebhaber eine generative Vermehrung nicht in Betracht kommen. Wer sich trotzdem nicht davon abhalten läßt, sollte folgende Kulturmaßnahmen beachten:

Saatgut von F_1-Hybriden gibt es in Fachsamenhandlungen. Im allgemeinen wird der Samen nicht nach Gramm, sondern nach Korn gehandelt. Kleinste Einheit ist in der Regel eine Saatgutmenge von 100 Korn. Neuerdings gibt es auch Saatgut in Portionen, speziell für den Blumenliebhaber. Die Zahl der Körner in den Portionstüten kann jedoch unterschiedlich groß sein.

Die Aussaat wird normalerweise um Weihnachten vorgenommen. Bei optimalen Klimaverhältnissen blühen diese Pflanzen wie vegetativ vermehrte Pelargonien. Wird jedoch erst Ende Januar ausgesät, setzt die Blüte Ende Mai oder Anfang Juni ein. Bei optimalen Kulturverhältnissen kann man mit einer Kulturzeit von 140 Tagen rechnen.

Ausgesät wird in Schalen oder Töpfe in eine übliche, jedoch nicht zu nährstoffreiche Blumenerde (Bild 27). Eigene Mischungen aus Garten- oder Komposterde mit Torf zu gleichen Teilen sind

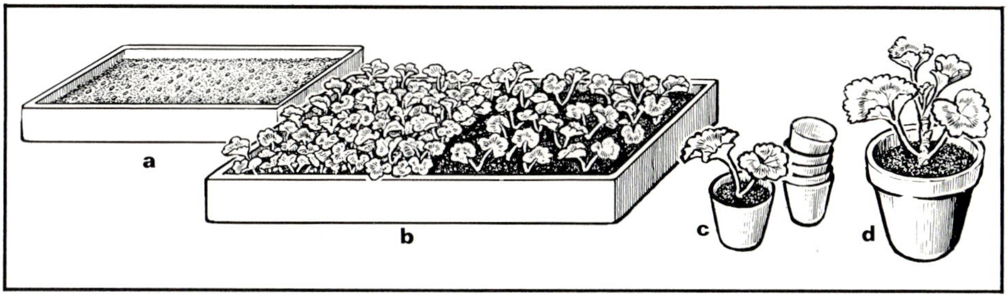

Bild 27. a *Aussaat.* Samenkörner im gegenseitigen Abstand von etwa 2 × 2 cm einzeln auslegen und leicht mit Erde bedecken.
b *Vereinzeln.* Zu dicht stehende Pflänzchen vereinzeln.
c *Pikieren oder Eintopfen.* Überzählige Sämlinge in Kistchen pikieren oder in kleine Töpfe pflanzen.
d *Umtopfen.* Nach etwa 2 Monaten Jungpflanzen in größeren Topf setzen.

möglich. Zur guten Wasserdurchlässigkeit sollte etwas Sand beigemischt sein. Die etwa 5 mm langen und 2 mm breiten Samenkörner werden einzeln ausgelegt. Der gegenseitige Abstand beträgt 2×2 bis 2,5×2,5 cm. Nach dem Auslegen des Samens deckt man ihn mit einer etwa 0,5 cm hohen Erdschicht ab.

Aufgestellt werden die Aussaatkisten oder Töpfe in einem Raum bei 20 bis 22° C. Diese Temperatur ist zur optimalen Keimung erforderlich. Pelargonien-Saatgut keimt normalerweise wegen der harten Samenschale schwer und unregelmäßig. Deshalb wird der Samen vieler Sorten vorher maschinell angeritzt (scarifiziert). Die Keimdauer so behandelter Samen beträgt etwa eine Woche. Von 100 ausgelegten Körnern werden etwa 70 bis 80 aufgehen. Nach der Keimung ist für die Weiterkultur ein sehr heller, sonniger Standort erforderlich, der sich am besten im Kleingewächshaus findet. Nur bei viel Licht kann man mit einem optimalen Kulturerfolg rechnen.

Zusätzlich ist auf die Temperatur zu achten. Auch hier liegen die optimalen Tageswerte bei 16 bis 18° C, in der Nacht bis etwa 12° C.

Sobald die Sämlinge dicht zusammengewachsen sind und sich gegenseitig drängen, pikiert man. Die Pflänzchen können auch gleich in Töpfe von etwa 6 cm Durchmesser gepflanzt werden. Übliche Blumenerde oder die bereits erwähnte Mischung aus Garten- oder Komposterde mit Torf kann man verwenden.

Etwa zwei Monate später sind die Jungpflanzen in einen größeren Topf von etwa 10 cm Durchmesser umzupflanzen. Sobald die Tage länger werden, setzt ein verstärktes Wachstum ein. Dann ist auch eine Erhöhung der Temperatur auf etwa 20° C angebracht.

Die Weiterkultur erfolgt wie bei den vegetativ vermehrten Pflanzen (vgl. Seite 32).

Ein Angießen mit Cycocel ist möglich, doch bei Massenanzuchten wie im Erwerbsgartenbau unwirtschaftlich. Für den Blumenfreund ist es am vorteilhaftesten, die Pflanzen durch häufiges Stutzen klein und gedrungen zu halten. Allerdings muß er dann mit einer weiteren Blühverzögerung rechnen.

Die Anzucht im Haus

Die Anzucht von Pelargonien in normalen Wohn- oder Geschäftsräumen leidet oft unter Lichtmangel, da die Pelargonien besonders gut bei Lichtwerten über 20 000 Lux gedeihen. Diese Lichtwerte erreicht man in den Wintermonaten nur selten. Gelegentlich wird daher eine künstliche Belichtung angeregt. Einen gewissen Teilerfolg erzielt man mit Leuchtstoffröhren, die man mit möglichst geringem Abstand über den Sämlingen oder Jungpflanzen aufhängt. Mit zunehmender Entfernung vom Objekt nimmt die Lichtintensität stark ab. Normale Glühlampen sind zu schwach. Wer sich als künstliche Lichtquelle eine Leuchtstofflampe anschafft, sollte auf die Lichtfarbe achten. Am günstigsten haben sich in vielen Versuchen die Lichtfarben 30 bis 35 erwiesen, die eine bestimmte, für die Pflanze optimale Lichtzusammensetzung garantieren. Solche Lampen sind z. B. unter den Bezeichnungen Warmton de Luxe, Bellalux, Sylvania Gro Lux und Siplast 100 im Handel. Natürlich ist der Einsatz einer solchen Leuchte vom wirtschaftlichen Standpunkt aus gesehen nicht tragbar. Doch wird man die Pflanzen auf jeden Fall zu einem besseren Wachstum anregen können. Der Einsatz von Kunstlicht kann über einen kürzeren Zeitraum als sogenanntes Dauerlicht, also Tag und Nacht erfolgen. Ansonsten ist es in der Regel besser, neben der Zusatzbeleuchtung auch eine normale Dunkelphase einzuhalten. Gerade während der lichtarmen Jahreszeit ist es deshalb günstig, die Beleuchtung zusätzlich zum Tageslicht über einen Zeitraum von etwa 16 Stunden einzusetzen. Im Zusammenhang mit künstlichen Lichtquellen bieten sich dem Pflanzenfreund vielerlei Möglichkeiten einer durchaus experimentellen Arbeit.

Kultur und Pflege der Pelargonien

Wer Pelargonien mit Erfolg kultivieren und richtig pflegen will, muß die grundlegendsten Bedürfnisse dieser Pflanzen kennen und beachten. Mißerfolge stellen sich ein bei ungeeigneter Erde, falscher Ernährung, zu kleinen Behältern, unsachgemäßer Anwendung von Pflanzenschutzmitteln, aber auch bei ungünstigem Standort oder bei vernachlässigter Pflege. Hat man die Pflanzen "pelargoniengerecht" untergebracht, dann bedarf es nur noch der "Wartungsarbeiten", wie sie anfallen.

Pflanzsubstrat

Pelargonien lieben eine mittelschwere, strukturstabile, durchlässige, humushaltige und nährstoffreiche Erde, die eine ausreichende Wasserhaltefähigkeit besitzt, aber Staunässe verhindert. Im allgemeinen genügen die üblichen Blumenerden, selbst Torfkultursubstrate sind denkbar. Letztere haben oft nur den Nachteil, daß sie sich schlecht be-

feuchten lassen, wenn das Substrat einmal zu trocken war. Seit neuerer Zeit ist das Produkt TKS mit einem Netzmittel versehen. Dieses sorgt dafür, daß sich auch ein bereits ausgetrocknetes Substrat wieder schnell befeuchtet.
Ein gutes Erdgemisch für Pelargonien läßt sich problemlos auch selbst zusammenmischen. Man verwendet dazu gute Gartenerde oder verrottete Komposterde und Torf zu gleichen Teilen. Wer keinen eigenen Garten besitzt, kann auch eine krümelige gute Landerde anstelle der Gartenerde verwenden. Diese Landerde soll jedoch einen lehmigen Charakter besitzen.
Die Wasserdurchlässigkeit kann durch das Untermischen von "scharfem Sand" verbessert werden. Unter scharfem Sand versteht man sogenannten Flußsand, also gewaschenen Sand, keinen Grabsand mit den oft vielen Feineinschlüssen.
Auch Zusätze von Styromull oder Hygromull sind möglich. Styromull ist gerissenes Styropor, das bekannte Verpakkungsmaterial, während Hygromull aus einem Gemisch von Styromull und wasserhaltendem Schaumstoff besteht. Da dieses Material für den Blumenfreund in kleinen Mengen etwas schwieriger zu beschaffen ist, wird man in der Regel auf Styromull oder Sand ausweichen.
Am besten gedeihen die Pelargonien bei einem pH-Wert zwischen 6 und 6,5. Die Erde soll also eine schwach saure Reaktion aufweisen. Den pH-Wert kann man selbst ermitteln mit einem Pehameter, wie er in verschiedener Ausführung in Gartenfachgeschäften angeboten wird. Es gibt aber auch andere Möglichkeiten zur Bestimmung des pH-Werts, über die man sich im Fachhandel informieren kann. Balkonkastenerde von einer Bodenuntersuchungsanstalt untersuchen zu lassen, lohnt sich nicht.

Pflanzgefäße

Das Material der Pflanzgefäße ist für das Gedeihen der Pflanzen nicht maßgebend. Man wählt die Behälter nach praktischen, ästhetischen und finanziellen Überlegungen. Größere Gefäße sind günstiger für die Entfaltung der Wurzeln und der oberirdischen Pflanzenorgane.
Alle Kästen oder sonstigen Gefäße an Fensterbrüstungen, Balkonen und auf Terrassen müssen sturmfest verankert sein, damit sie nicht abstürzen und Unfälle verursachen.
Sämtliche Behälter benötigen einen ausreichenden Wasserabzug, damit die Erde nicht vernäßt. Zu nasse Erde führt zu Luftmangel im Boden, wodurch Fäulniserscheinungen auftreten können.
Bei neuen Kunststoffkästen sind die Wasserabzugslöcher am Boden des Gefäßes angezeichnet. Man muß sie an diesen Stellen vor dem Einfüllen der Erde mit einem harten Gegenstand durchstoßen.
Die Gefäße sollen nicht randvoll mit Erde gefüllt sein. Ein Gießrand von etwa 0,5 cm verhindert, daß das Wasser beim Gießen überläuft und Erde herausgeschwemmt wird.
Bei größeren Gefäßen ist es zweckmäßig, zunächst eine Schicht Kieselsteine etwa 5 cm hoch als Dränage einzubringen.
Darüber wird eine Glasvliesmatte ausgelegt, um das Einschlämmen feiner

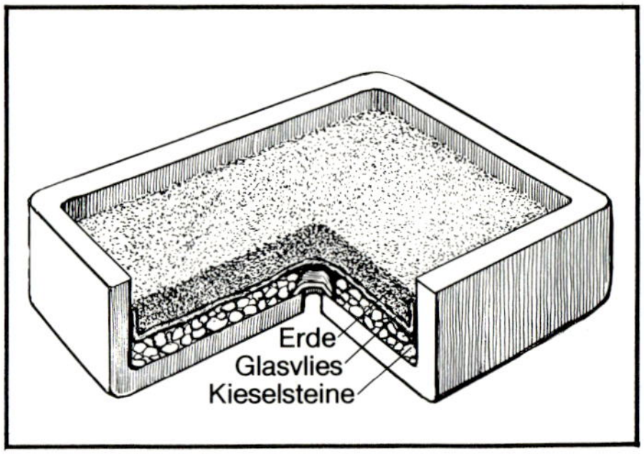

Bild 28. Längsschnitt durch einen größeren Behälter.

Bild 29. Auch in außergewöhnlichen Gefäßen wie in dieser Obstmühle zeigen die Pelargonien ein frohes Wachstum. Aufnahme E. Gugenhan

Erdbestandteile zu verhindern. Diese Filtermatten gibt es in Fachgeschäften oder im Baustoffhandel (Bild 28).

Auf Dachterrassen oder Balkonen dürfen die Gefäße nicht zu schwer werden. Statt Kieselsteinen kann man hier auch Blähton nehmen, den man sonst für Hydrokulturen oder in Bauten für Isolationszwecke verwendet.

Gelegentlich werden Balkonkästen und andere Gefäße mit einem eingebauten Wasservorratsbehälter angeboten. Hier prüfe man sehr genau, wie lange der Wasservorrat für die Pflanzen in den Sommermonaten ausreicht. Bei manchen ist der Vorrat gerade in der Zeit des größten Wasserbedarfs bereits nach zwei Tagen verbraucht.

Balkonkästen. Vor allem bei Blumenkästen ist auf geeignete Größe zu achten. Ein kleines Beispiel soll das erläutern: Ein Balkonkasten mit den Ausmaßen von 100/18/18 cm faßt bei vollständiger Füllung 32,4 Liter Erde. Ist der Kasten bei gleicher Länge nur 13 cm breit und hoch, beträgt sein Fassungsvermögen 16,9 Liter, also knapp die Hälfte. Jeder wird einsehen, daß sich die Pflanzen im größeren Kasten besser entwickeln können. Der Vorrat an Erde und Nährstoffen, aber auch die Wasserhaltefähigkeit sind hier größer als im kleinen Kasten. Doch größere Kästen sind auch wesentlich schwerer. Beim Aufhängen an Balkonbrüstungen kann ihr Gewicht in feuchtem Zustand bis 40 kg erreichen.

Andere Behälter. Manche Blumenfreunde haben Spaß an dekorativen Gefäßen, die sie an verschiedenen Stellen wirkungsvoll aufstellen. So lassen sich Schubkarren, alte Handwagen, Saftpressen, Obstmühlen (Bild 29) selbst ausgediente Waschmaschinen, aber auch ausgehölte Baumstämme für den Blumenschmuck, speziell für die Bepflanzung von Pelargonien verwenden, wenn nur stets die Bedürfnisse der Pflanzen hinsichtlich Standort, Füllung, Wasserabzug usw. beachtet werden.

Pflanzung

Auswahl der Pflanzen. Wichtig für den Erfolg der Pelargonien-Kultur ist die richtige Auswahl der Pflanzen beim Einkauf. Nicht die Pelargonien mit den längsten Trieben sind die qualitativ besten Exemplare, sondern solche mit gedrungenem, stabilem Wuchs. Die Internodien sollten dicht beieinander stehen und die Blätter eine sattdunkelgrüne, gesunde Farbe haben. Auch achte man auf den Blütenansatz. Wer Pelargonien mit Blüten und einem reichen Knospen-

ansatz erwirbt, wird sich schon sehr bald an den aufgeblühten Pflanzen erfreuen können. Pelargonien werden meist mit Topfballen oder im Topf angeboten. Die Wurzeln sollen weiß und gesund sein. Pflanzen mit bräunlichen oder gar angefaulten Wurzeln oder Wurzelspitzen sind abzulehnen. Ob die Pflanzen in Kunststoff- oder Tontöpfen herangezogen worden sind, spielt für die Weiterkultur keine Rolle. Nur die Qualität der oberirdischen und unterirdischen Organe ist ausschlaggebend.

Anzahl der Pflanzen. Wieviele Pelargonien pro laufenden Meter oder Quadratmeter auszupflanzen sind, hängt von der jeweiligen Sorte und deren Wuchsfreudigkeit ab. Starkwüchsige Sorten beanspruchen mehr Platz, schwachwüchsige kann man näher zusammenbringen. Wer einen schmalen Balkonkasten von 1 m Länge mit Pelargonien bepflanzen will, wird etwa 5, seltener 4 Exemplare nehmen können. Das entspricht einem Pflanzenabstand von 10–25 cm. Haben die Pelargonien allseits ausreichend Raum für eine gute Entfaltung, genügt ein engerer, sonst ein größerer Abstand.

Viele Blumenfreunde wollen von Anfang an eine geschlossene Pflanzung haben – ein Fehler, den sie später bereuen. Gerade in den Monaten Juni, Juli und August entwickeln sich die Pelargonien üppig, sofern sie sich gegenseitig nicht behindern. Deshalb sollte man zunächst gewisse Lücken durchaus in Kauf nehmen. Sie sind nach sechs bis acht Wochen dicht geschlossen.

In einem breiten Balkonkasten (20 cm breit) kann man zweireihig pflanzen. Hier lassen sich je nach Pflanzenzusammenstellung neun bis elf Pflanzen unterbringen. Verwendet man ausschließlich Pelargonien, so kommen in die hintere Reihe z. B. fünf Zonalpelargonien, in die vordere auf Lücke vier Efeupelargonien (Bild 13). In Gesellschaft anderer Sommerblumen können von den schwachwachsenden Zonalpelargonien ein bis drei Exemplare mehr untergebracht werden als von den Efeupelargonien.

Im Laufe der Jahre wird der Blumenfreund mit zunehmender Erfahrung nach eigenen Gestaltungsmöglichkeiten suchen. In Schalen und größeren Gefäßen nehmen Indisches Blumenrohr, Wunderbaum, Spinnenpflanze, Dahlien und Sommermargeriten mehr Platz in Anspruch als Begonien, Leberbalsam, Lobelien, Tagetes u. a.

Auspflanzen. Zonalpelargonien pflanzt man in üblicher Weise senkrecht, Efeupelargonien gelegentlich auch schräg, damit sich die Triebe von Anfang an leicht neigen und in der Art eines blumigen Wasserfalls aus den Gefäßen nach unten wachsen.

Im Freiland pflanzt man nicht anders. Wichtig ist nur, daß vorher der Boden gründlich gelockert und vorbereitet wird. Mit einem Handspaten hebt man ein genügend großes Loch aus und setzt die Pelargonien hinein. Sie sollten nicht wesentlich tiefer stehen als zuvor im Topf: Den oberen Rand des Wurzelballens etwas unter der Erdoberfläche – setzt man Pflanze um Pflanze, drückt leicht an und gießt kräftig. Durch das Angießen werden die Wurzeln eingeschlämmt und kommen in engen Kon-

takt mit der Erde, so daß die Wurzelspitzen sehr schnell in das neue Substrat hineinwachsen. Diese Verbindung ist sehr wichtig, weil dann störende Witterungseinflüsse schon nach wenigen Tagen besser überstanden werden.
Nach dem Pflanzen oder Auspflanzen muß man die Gewächse noch einige Tage kontrollieren und bei trockenem Wetter ausreichend wässern. Haben sie einmal Fuß gefaßt, geht man zur normalen Pflege über. Sie ist nicht aufwendig und hält sich im üblichen Rahmen.

Ernährung und Düngung
Während der Hauptwachstumsperiode vom Frühjahr bis zum Sommer haben die Pelargonien einen größeren Bedarf an Nährstoffen. Ein Erfolg der Kultur wird nur bei ausreichendem Nährstoffangebot gewährleistet. Im Zusammenhang damit ist es sehr wichtig, zu wissen, daß die Pelargonien durchaus salzverträglich sind. Das heißt, bei etwas überhöhten Düngergaben treten an den Wurzeln nicht so schnell Schäden auf, wenn das Substrat etwas trocken wird. Wachstum und Blütenentwicklung zeigen dann keine Störung.
Die Verträglichkeitsgrenze der Pelargonien für wasserlösliche Salze im Boden liegt bei 0,2 bis 0,6% je 100 Gramm oder 0,16 bis 0,48% je 100 ml Boden. Nur Zierspargel (*Asparagus*), Chrysantheme (*Chrysanthemum*) und Edelnelke (*Dianthus*) besitzen eine höhere Verträglichkeitsgrenze.
Eine reichhaltige, harmonische und optimale Zusatzernährung gewährleistet ein gutes Wachstum und einen anhaltenden Blütenflor der Pelargonien.

Balkonkästen und andere Behälter
Bei der Düngung ist darauf zu achten, daß die notwendigen Nährstoffe in einer für die Pflanze aufnehmbaren Form vorliegen. Da die Pflanzerde wohl kaum auf ihren Nährstoffgehalt untersucht wird, mischt man in der Regel einen Volldünger bei. Ein Volldünger enthält die Kernnährstoffe Stickstoff, Phosphor und Kalium in einem ausgewogenen, für die Mehrzahl der Pflanzen günstigen Verhältnis und darüber hinaus noch eine Anzahl lebensnotwendiger Spurenelemente. Viele Volldünger sind außerdem mit weiteren wichtigen Elementen, z. B. Magnesium angereichert.
Im allgemeinen unterscheidet man zwischen organischen und mineralischen Volldüngern. Rein organische Volldünger gibt es relativ wenige. Es handelt sich meistens um sogenannte organisch-mineralische Volldünger.
Organisch-mineralische Volldünger. Sie enthalten Stickstoff und Phosphor in organischer, das Kalium in mineralischer Form. Diese Dünger werden nur langsam, dem Verbrauch entsprechend, abgebaut, so daß sie die Konzentration der Salze im Boden kaum erhöhen und an den Pflanzenwurzeln keine Schäden verursachen.
Die organische Substanz wird im Boden durch Bakterien abgebaut und in eine für die Pflanze aufnehmbare Form überführt. Der Fachmann nennt diesen Vorgang Mineralisierung. Solche Dünger mischt man als Grunddünger unter das Substrat. Wer also selbst Erden zusammenstellt, kann sich ihrer bedienen. Der Aufwand liegt bei etwa 60 bis 80 g Volldünger je 10 Liter Erde. Eine mäßi-

ge Überdüngung wirkt sich nicht nachteilig aus. Die im Handel befindlichen Erdsubstrate enthalten meistens schon Dünger. Eine zusätzliche Gabe von Grunddünger ist hier nicht erforderlich.

Mineralische Volldünger. Wer der Erde Mineraldünger zugeben will, verwende die üblichen Garten- und Blumendünger. "Blaukorn-Volldünger" ist zum Beispiel recht gut brauchbar.

Mineraldünger besteht aus Salzen, die sich im Wasser leicht lösen, sich daher im Boden gut verteilen und in dieser Form von den Pflanzenwurzeln aufgenommen werden können. Bei starken Niederschlägen oder kräftigem Wässern besteht allerdings die Gefahr, daß diese Nährstoffe ausgewaschen werden und am Boden der Gefäße abfließen. Deshalb sollte man beim Verwenden von Mineraldüngern nicht übermäßig wässern. Auch ist es ratsam, das Angebot an Nährstoffen zunächst in Grenzen zu halten, da ein Umsetzungsprozeß im Boden nicht erforderlich ist und der gesamte Nährstoffvorrat den Pflanzen sofort zur Verfügung steht. Für eine Grunddüngung mit einem Mineraldünger rechnet man 30 bis 50 g je 10 Liter Erde. Dieser leicht lösliche Dünger sollte sehr gleichmäßig mit der Erde vermischt werden.

Der Vorrat an Mineraldünger ist verhältnismäßig bald erschöpft, so daß nach einer gewissen Zeit mit einem Nährstoffmangel zu rechnen ist. In diesem Falle deckt man den Bedarf der Pflanzen durch zusätzliche Nährstoffgaben in Form einer Kopfdüngung.

Langzeitdünger. Seit wenigen Jahren gibt es noch eine dritte Düngergruppe, sogenannte Langzeit- oder Depotdünger, die synthetisch hergestellt, ähnliche Effekte hervorrufen wie organisch-mineralische Dünger. Nach entsprechenden Untersuchungen haben sich in der Praxis die Produkte Plantosan 4dFeingranulat, Triabon und Osmocote bei Pelargonien gut bewährt. Diese, sowie einige weitere Fabrikate, werden in größeren Gebinden für den Erwerbsgärtner gehandelt. Osmocote gibt es auch in Kleinpackungen für den Blumenliebhaber. Es wird unter der Bezeichnung "Balkonkastendünger" in Fachgeschäften verkauft.

Diese Langzeitdünger geben ihre Nährstoffe langsam, aber stetig an die Erde ab, so daß den Pflanzen über einen längeren Zeitraum hinweg Nährstoffe in ausreichender Menge zur Verfügung stehen. Der Hersteller empfiehlt 30–50 g "Blumenkastendünger" je 10 Liter Erde für eine optimale Versorgung. Aber auch Langzeitdünger gewährleisten in der Regel keine vollständige und harmonische Ernährung bis zum Herbst. Je nach der Ausgangsdüngung, dem Nährstoffverbrauch der Pflanze, der Auswaschung erschöpft sich der Dünger bis zum Sommer oder Spätsommer, so daß eine zusätzliche Kopfdüngung erforderlich wird. Hier muß der Blumengärtner nach eigenem Gespür vorgehen (Bild 30).

Bild 30. Eine richtige Ernährung der Pelargonien ist für gutes Gedeihen in Kästen und Pflanzgefäßen erforderlich (unten), andernfalls leiden die Pflanzen unter großem Hunger (oben)! Aufnahme E. Gugenhan

Nachdüngung. Enthält das Ausgangssubstrat nur eine schwache mineralische Volldüngung, wird man bereits im Juni, spätestens im Juli mit Kopfdüngergaben beginnen müssen. Wo organisch-mineralische oder Langzeitdünger als Grunddüngung beigegeben sind, wird eine Kopfdüngung erst ab Juli oder August notwendig, je nach Bedarf der Pflanze. Maßgebend ist stets, wie hoch die Düngermengen im Substrat waren. Da nicht jeder seine Erde selbst mischt, läßt sich das oft nicht feststellen. Am besten beobachtet man das Wachstum der Pflanzen genau. Lassen sie im Trieb und in der Blütenbildung nach, verfärben sich die ursprünglich dunkelgrünen Blätter hellgrün oder gar gelblich, dann brauchen die Pflanzen zusätzlich Nährstoffe. Die Pelargonien vertragen in diesem Zustand eine Kopfdüngergabe am besten in flüssiger Form von 0,1 bis 0,15% (10–15 g eines üblichen Blumendüngers oder 10–15 ml Flüssigdünger in 10 l Wasser lösen) gleichmäßig an die Pflanzen verteilt. In dieser Konzentration kann man wöchentlich oder im Abstand von zehn Tagen düngen.

Bei der Kopfdüngung wirkt eine schwachkonzentrierte Lösung, häufiger verabreicht, besser als eine konzentrierte Lösung, die in größeren Zeitabständen gegeben wird. Eine Kopfdüngung ist nur mit leicht löslichen mineralischen bzw. flüssigen Düngern möglich. Dünger mit Langzeitwirkung eignen sich dazu nicht. Vor und nach dem Düngen sollte man das Substrat möglichst feucht halten, damit die Nährstoffe in gelöster Form an die Wurzeln gelangen und rasch aufgenommen werden.

Die Pelargonien erreichen nur dann einen optimalen Höhepunkt in Wuchs und Blüte, wenn ausreichend Nährstoffe vorhanden sind. Für den wenig Erfahrenen kann es deshalb zweckmäßig sein, einzelne Düngergaben zu notieren. Je nach Entwicklung der Pflanzen, kann er dann im folgenden Jahr die Dosierungen dem Bedarf entsprechend abwandeln.

Freiland

Ins Freiland ausgepflanzte Pelargonien sind ähnlich zu düngen wie die Gefäßpflanzen. Hier kann der Boden aber zunächst mit gut verrottetem Kompost, Torf usw. verbessert werden. Außerdem ist eine entsprechende Nährstoffgabe zu empfehlen. Sie hängt ab vom Nährstoffvorrat des Bodens. Im allgemeinen wird man im Freien ebenfalls organisch-mineralischem oder nur mineralischem Dünger den Vorzug geben. Bei größeren Flächen rechnet man als Grunddüngergabe je m^2 mit 50 bis 70 g eines organisch-mineralischen, oder 30 bis 40 g eines mineralischen (Blaukorn-) Volldüngers. Der Dünger ist vor der Pflanzung in die Krume einzuarbeiten und steht dann den Pelargonien nach dem Auspflanzen zur Verfügung. Auch hier kann man später mit einer Kopfdüngung nachhelfen, je nach Entwicklungszustand der Pflanzen. Da im Frei-

Bild 31. Während der Hauptwachstumszeit benötigen die Pelargonien viel Feuchtigkeit. Der Wurzelballen sollte stets gleichmäßig feucht gehalten werden. Aufnahme E. Gugenhan

land das Reservenährstoffpotential im Boden meistens etwas größer ist, lassen sich die Nährstoffmengen auf zwei bis vier Gaben im Laufe des Sommers verteilen. Entweder streut man 20 g/m² eines mineralischen Volldüngers aus und wässert sofort oder löst diese Menge in etwa 10 Liter Wasser auf und gießt diese Lösung an die Pflanzen.
Nach jeder Düngung sollte man die Pflanzen kurz mit klarem Wasser abspritzen, damit an den oberirdischen Pflanzenteilen keine Schäden durch anhaftenden Dünger entstehen. Angetrocknete Flüssigdünger oder gar Düngerkörner verursachen bei sonnenreicher, trockener Witterung an Blättern und Trieben unschöne Verbrennungen.

Wässern
Während der Hauptwachstumszeit haben die Pelargonien einen relativ hohen Bedarf an Feuchtigkeit. Der Wurzelballen muß vom Frühjahr bis zum Spätsommer gleichmäßig feucht gehalten werden (Bild 31). Gegen eine Vernässung des Wurzelballens sind Pelargonien jedoch empfindlich; eine gewisse Trockenheit nehmen sie dagegen nicht übel. Sie gelten als halbsukkulente Pflanzen, die durchaus in der Lage sind, kurze Trockenperioden ohne Schaden zu überdauern. Trotzdem muß die Bewässerung bei längerer Abwesenheit geregelt sein.
Ab Spätsommer, wenn die Tage kürzer und die Temperaturen niedriger werden, sollte man die Pflanzen trockener halten, damit die Triebe ausreifen.
Vollautomatische Bewässerung. Zum Problem wird das Feuchthalten der Erde in den Balkonkästen während einer längeren Abwesenheit, wenn nicht gerade ein hilfsbereiter Nachbar sich der Pflanzen annimmt. Viele Blumenfreunde verzichten deshalb auf einen Blumenschmuck. Doch auch ohne nachbarliche Hilfe lassen sich die Kästen gleichmäßig feucht halten: mit einer vollautomatischen Bewässerung. Tüftler und Erfinder haben recht brauchbare Anlagen geschaffen, die das Bewässern von Balkonkästen, Pflanzgefäßen und auch Freilandbeeten übernehmen. Dazu ist in der Regel ein Fühler notwendig, der den Feuchtigkeitsgrad des Bodens abtastet, eine Schalteinheit mit einem Magnetventil, die den Wasserzufluß regelt und ein Wasserverteilungssystem. Letzteres besteht meistens aus einer sogenannten Tröpfchenbewässerungsanlage. Vom Magnetventil aus wird ein kleiner Schlauch zu den einzelnen Gefäßen oder Beeten geführt und von dort das Wasser über sehr feine Schläuche direkt an die Pflanze geleitet.
Wird nun Wasser benötigt, löst der Fühler einen Kontakt im Magnetventil aus, so daß sich der Wasserzufluß öffnet. Tröpfchenweise fließt das Wasser in den Wurzelbereich der Pflanzen und sobald die Erde entsprechend feucht ist, schaltet das Magnetventil ab. Diese vollautomatischen Bewässerungsanlagen lassen sich direkt an eine Wasserleitung anschließen oder über einen Wasservorratsbehälter betreiben. Die Steuerung erfolgt je nach Gerätetyp mit oder ohne Strom. Einschlägige Systeme können über den Fachhandel bezogen werden.

Standort
Die Pelargonien stammen aus Südafrika, wo sie als Sträucher oder Halbsträucher üppig wachsen. Sie lieben deshalb Wärme und Trockenheit und verlangen einen freien, vollsonnigen Standort, besonders während der Hauptwachstumszeit. Am besten eignen sich die nach Süden ausgerichteten Fensterfronten, Balkone und Terrassen. Natürlich sind auch sonnig gelegene Freilandbeete günstig, ebenso noch Südost- und Südwestlagen. Bei einer Ausrichtung nach Osten oder Westen tritt manchmal bereits eine Beeinträchtigung vor allem in der Ausbildung der Blüten auf.
Nur wenige Sorten eignen sich für halbschattige Lagen: die buntlaubigen Sorten und solche, die nicht blühen, wie 'Distington' oder 'Madame Salleron'. Sonst sind Standorte im Halbschatten oder gar im vollen Schatten ungeeignet. Hier bilden sich nur lange, vergeilte Triebe, die Blütenbildung läßt zu wünschen übrig, und im ungünstigsten Fall unterbleibt sie ganz.
Im Mittelmeerraum haben sich sowohl *Pelargonium-Zonale*-Hybriden als auch *Pelargonium Peltatum*-Hybriden eingebürgert. Sie gedeihen dort am besten im vollsonnigen Bereich und hängen mit ihren im Laufe der Jahre oft mehrere Meter lang werdenden Trieben über sonnendurchglühte Mauern herab. Sie bilden oft schon Anfang April ihre Floreszenzen aus und erreichen einen ersten Höhepunkt voll überschäumender Blütenfülle ab Ende Mai (Bild 32).
Wuchs und Blütenfülle hängen also nicht nur von den Sorteneigenschaften ab, sondern auch vom Standort.

Lichtbedarf
Die Strahlungsintensität des Lichtes wird in Lux gemessen. In unseren Breiten hängen die Lichtwerte von der Jahreszeit und der jeweils vorherrschenden Witterung ab. Sie sind oft sehr verschieden: An klaren, sonnenreichen Tagen können 80 000 bis 90 000 Lux gemessen werden, an trüben Tagen im Herbst oder Winter manchmal nicht einmal 5 000 Lux.
Für eine optimale Entwicklung brauchen die Pelargonien Lichtwerte über 20 000 Lux. Am besten entwickeln sie sich zwischen 30 000 und 50 000 Lux bei entsprechend hoher Temperatur. In Mitteleuropa beginnen daher die Pelargonien an günstigen Standorten erst ab Anfang bis Mitte April ihre Blüten zu entwickeln und erreichen ihren Hauptflor nicht vor Anfang Juni.
Pelargonien, die von Haus aus eine Winterruhe eigentlich nicht gewohnt sind, können, wenn man sie bei ständig hoher Lichtintensität kultiviert, ohne Unterbrechung das ganze Jahr über blühen.

Temperatur
Neben dem Licht spielt die Temperatur eine große Rolle. Bei ausreichenden Lichtverhältnissen liegt das Optimum zwischen 20 und 24° C. Läßt die Lichtintensität nach, kann oder sollte die Temperatur etwas niedriger sein. Ist sie nämlich bei zu geringer Lichtintensität zu hoch, vergeilen die Triebe, werden lang und spindelig. Dann gewährleisten auch Temperaturen zwischen 16 und 20° C noch ein ausreichendes Wachstum.

Diese Temperaturansprüche spielen im jahreszeitlichen Verlauf der Pelargonien-Kultur eine gewisse Rolle. Im Frühjahr, wenn die Lichtverhältnisse zur Anzucht und Kultur der Jungpflanzen nicht immer ausreichen, soll eine Temperatur von etwa 16 bis 20° C vorherrschen, den Sommer über kann sie ohne weiteres die 20°-Grenze übersteigen.

Jeder Gartenbesitzer sollte wissen, daß bei Temperaturen unter 10° C das Wachstum eingestellt wird. Gegen tiefe Temperaturen sind Pelargonien empfindlich, Frost wirkt tödlich. Schon Temperaturen nahe 0° C können während der beginnenden Hauptwachstumsperiode zu gewissen Schockwirkungen führen: Die Blätter können sich durch Bildung des Farbstoffs Anthocyan rot verfärben. Diese Farbänderung wird bei Pelargonien und auch anderen Pflanzen vielfach als Schutzreaktion angesehen.

Pflege

Gießen. In den Balkonkästen und Gefäßen muß man von Zeit zu Zeit die Feuchtigkeit des Substrates überprüfen. In der Regel schadet ein zu hoher Wassergehalt mehr als eine gewisse Trokkenheit (siehe Seite 48).

Normale Balkonkästen und Gefäße wird man bei trockener Witterung täglich, sonst je nach Wetterlage mit Wasser versorgen müssen.

Bild 32. In südlichen Ländern fühlen sich Pelargonien an vollsonnigen Mauern und Steinen besonders wohl. Aufnahme flora-bild

In diesem Zusammenhang noch kurz ein Wort zum Gießwasser. Obwohl Pelargonien verhältnismäßig unempfindlich sind, sollte man sie doch möglichst mit Leitungswasser gießen. Abgestandenes Wasser aus Sammelbehältern sowie Wasser aus Flüssen und Bächen kann unter Umständen verunreinigt oder zu salzreich sein. Dadurch können sich wachstumhemmende Elemente im Boden anreichern, so daß die Kultur gefährdet ist. Schäden durch Gießwasser kommen sonst selten vor; weitere Hinweise dazu sind deshalb nicht notwendig.

Düngen. Beim Düngen richtet man sich nach dem Bedarf der Pflanzen, der im allgemeinen hoch ist.

Zu hohe Salzkonzentrationen sind zu vermeiden (siehe Seite 43 ff).

Säubern. Zu den wichtigsten Pflegemaßnahmen gehört das rechtzeitige Ausbrechen der verblühten Blütenstände. Dadurch kann das Nachblühen gefördert werden. Gleichzeitig sind welke oder kranke Blätter zu entfernen, damit die Ausbreitung von Krankheiten eingedämmt wird. Dieses Durchputzen sollte man regelmäßig, am besten einmal wöchentlich, ausführen.

Sollte wider Erwarten die Pflanzung doch zu dicht sein, kann man mit einem scharfen Messer oder einer Schere auch während des Sommers etwas auslichten. Man entfernt dabei schwache und blühfaule Triebe, damit die stärkeren, lebenskräftigeren sich besser entfalten können.

Krankheiten und Schädlinge. Leider werden die Pelargonien von einer ganzen Reihe verschiedener Parasiten befallen. Solchen Befall muß man rechtzeitig erkennen und ihm entgegenwirken, damit der Bestand bis zum Herbst gesund bleibt (siehe Seite 55 ff).

Überwinterung

In Mitteleuropa reichen die Lichtverhältnisse während des Winters für ein normales Gedeihen der Pelargonien im Wohnraum nicht aus. Man überwintert sie daher möglichst hell und kühl bei 4–8° C. Sie überdauern diese Zeit in Halbruhe, wobei das mangelnde Licht weiteres Wachstum und die Ausbildung von Blüten unterbindet. Die Pflanzen hält man während dieser Zeit deutlich trocken und gießt nur noch in größeren Abständen. Der Wurzelballen kann zeitweise sogar austrocknen (siehe Seite 33).

Mit Beginn des Herbstes bereitet man die Pflanzen auf die Winterruhe vor und stellt ab Ende August die Düngung langsam ein, damit die Triebe ausreifen. Vor allem stickstoffhaltige Dünger sollten nicht mehr verabreicht werden. Die Pelargonien sind frostempfindlich, deshalb sollten sie, falls eine Überwinterung vorgesehen, noch vor dem ersten Frost in einen schützenden Raum gebracht werden (vgl. S. 33).

Licht und Temperatur. Unter zusagenden Bedingungen können Pelargonien ganzjährig ohne Einschränkung wachsen und blühen. Da in unseren Breiten solches nicht möglich ist, machen sie hier notgedrungen eine Ruhezeit durch, die sie ohne wesentliche Nachteile in einem geeigneten Raum überstehen. Zwei Forderungen müssen dort erfüllt werden: heller Standort und kühle Raumtemperatur, damit sie ihr Triebwachstum einstellen. Man gibt den Pflanzen einen hellen Fensterplatz in einem kühlen Raum – am besten wäre ein entsprechend temperiertes Kleingewächshaus. Wo dies fehlt, findet sich vielleicht ein Platz im Hausflur, in der Garage oder sonst einem geeigneten Ort. Räumlichkeiten im Untergeschoß eignen sich meist nicht dafür, da sie vielfach zu dunkel und durch Heizungsröhren zu stark erwärmt sind.

Die günstigste Temperatur zum Überwintern liegt bei 4 bis 10° C. Je weniger Licht vorhanden ist, umso kühler sollten die Pflanzen stehen (s. S. 48).

Wässern. Eine richtige Wasserversorgung während der Ruhezeit ist von ausschlaggebender Bedeutung. Die niederen Temperaturen bedingen eine gewisse Trockenheit im Wurzelballen. So bringt man die Pflanzen am besten samt Balkonkasten in den Überwinterungsraum und befeuchtet die Wurzelballen nur in größeren Zeitabständen etwas, damit Triebe und Blätter nicht vergilben oder gar eintrocknen, was die Pflanzen schwächen könnte. Ganz läßt sich das Vergilben und Abtrocknen der Blätter nicht verhindern, deshalb putzt man die Pflanzen von Zeit zu Zeit durch. Keinesfalls aber darf man den Wurzelballen gleichbleibend feucht halten, weil dann die Pelargonien weiterhin durchtreiben und lange, vergeilte Triebe bilden könnten. Auch die Gefahr der Fäulnisbildung würde gerade unter solchen Bedingungen sehr groß (s. S. 48).

Umtopfen. Wer die Behälter im Herbst und Winter anderweitig nutzen will, muß die Pelargonien vorsichtig herausnehmen und in Blumentöpfe umsetzen.

Andere Möglichkeiten der Überwinterung. Manche Blumenfreunde haben gute Erfolge mit dem Aufhängen der Pflanzen in nicht zu trockenen Untergeschoßräumen erzielt. Auch das Einbringen in Plastiktüten und Aufhängen hat sich bewährt. In diesem Falle müssen nur einige "Luftlöcher" in die Plastiktüten gemacht werden, damit die überschüssige Feuchtigkeit, die durch die Blätter verdunstet, an die Umgebung abgegeben werden kann. Sonst entsteht in der Plastiktüte eine zu hohe Luftfeuchtigkeit, die wiederum zu Fäulnis führt.

Belüftung. Der Überwinterungsraum sollte auch ausreichend belüftbar sein. Feuchte, stickige Kellerräume eignen sich zur Überwinterung von Pelargonien nicht.

Rückschnitt. Empfehlenswert ist es, die Pflanzen ohne Rückschnitt zu überwintern. Sollten die Triebe dann doch von der Spitze her eintrocknen, bleiben die unteren Partien frisch, so daß ein Austrieb im Frühjahr noch gewährleistet ist. Bei Rückschnitt im Herbst, können die Stengelteile ab der Schnittstelle eintrocknen und einen Wiederaustrieb gefährden.

Erst Ende Februar/Anfang März, wenn sich neues Wachstum in den Pflanzen regt, schneidet man die Pelargonien zurück (Bild 33), damit sie bis zum Frühjahr verstärkt austreiben und gedrungen und vieltriebig werden. Mit einer guten Gartenschere oder einem scharfen Messer kürzt man die Triebe auf etwa 5–7 cm Länge. Jeder Triebstummel sollte etwa drei gute, schlafende Augen besitzen. Sie befinden sich immer an den ehemaligen Blattansatzstellen, die durch eine Ringbildung

Bild 33. *Rückschnitt*
a Überwinterte Pelargonien vor dem Schnitt
b Pelargonien nach dem Durchputzen
c Zurückgeschnittene Pelargonien. Jeder alte Trieb besitzt noch drei schlafende Augen an den ehemaligen Blattansatzstellen. Nur die stärksten Triebe einer Pflanze läßt man stehen.

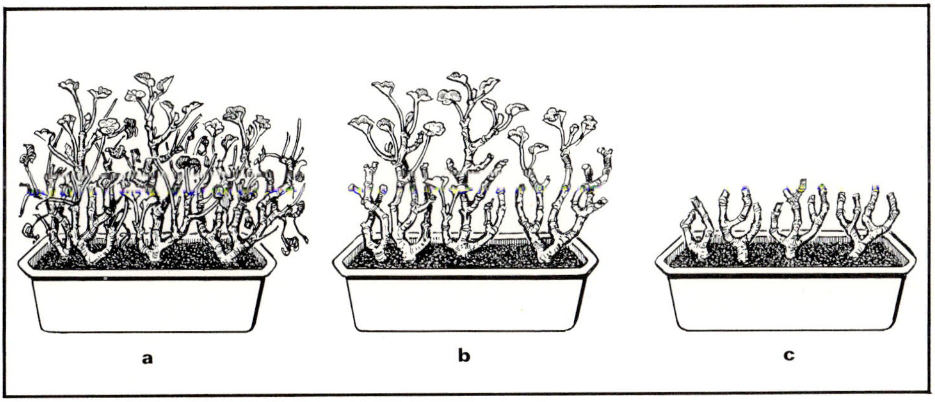

deutlich zu erkennen sind. Der Rückschnitt soll nicht nach einem genauen Schema ausgeführt werden, sondern muß dem jeweiligen Zustand der Pflanze angepaßt sein. Schwache, eingetrocknete Triebe entfernt man. Nur die stärksten drei bis vier Triebe je Pflanze bleiben stehen.

Durchtrieb. Nun gibt es mehrere Möglichkeiten zur Erzielung schöner Pflanzen. Entweder bringt man die Pflanzen samt den Kisten an einen hellen, etwas wärmeren Ort und regt sie durch vorsichtiges Gießen zum Durchtrieb an. Oder man nimmt die Pflanzen nach dem Rückschnitt aus den Gefäßen, schüttelt den Wurzelballen etwas aus und pflanzt sie in Töpfe mit frischer Erde ein.

In jedem Falle ist ein heller Standort erforderlich. Eine mäßige Bodenfeuchtigkeit sorgt für den Beginn des neuen Durchtriebs. Erst während der Entwicklung der Durchtriebe steigert man die Wassergaben. Im März und April werden sich die Pflanzen tüchtig strecken und so bis Anfang oder Mitte Mai gedrungene, schöne Gewächse ergeben. Wer ein Kleingewächshaus oder ein Frühbeet besitzt, das im Winter nicht beheizbar war, kann, je nach Witterung, die Pflanzen jetzt dort einstellen. Das hat den Vorteil, daß sich unter dem vollen Licht schon Ende April oder Anfang Mai die ersten Blütenstände ausbilden. Im Zimmer wird man darauf wegen der ungünstigen Lichtverhältnisse noch einige Zeit warten müssen. Anfang Mai wird man aber auch hier Knospenansätze entdecken, die sich dann, kommen die Pflanzen an einen sonnigen, geschützten Platz ins Freie, rasch weiterentwickeln.

Im Balkonkasten angetriebene Pelargonien werden Anfang bis Mitte Mai aus den Kästen genommen und in frische Erde neu eingepflanzt. Die in Töpfen vorkultivierten, überwinterten Pflanzen setzt man zum entsprechenden Zeitpunkt nach den Eisheiligen an ihren endgültigen Standort.

Insgesamt ist die Überwinterung von Pelargonien nicht schwierig. Wichtig ist nur, daß man sich auf die klimatischen Notwendigkeiten einstellt. Unter geeigneten Voraussetzungen sollte man eine Überwinterung durchaus versuchen.

Stecklings- und Sämlingspflanzen. Man behandelt sie wie ausgewachsene Pflanzen und überwintert sie an einem günstigen Platz. Beide ergeben dann bis zum Auspflanzen im Frühjahr brauchbare Jungpflanzen, die man, unter Vorbehalt, wieder durch Stecklinge vermehren kann (vgl. Seite 29 ff).

Krankheiten und Schädlinge

Immer wieder werden Pelargonien von Krankheiten und Schädlingen heimgesucht. Deshalb ist es notwendig, die Pflanzen während der ganzen Kultur laufend zu kontrollieren und beim ersten Anzeichen einer Krankheit oder eines Schädlings geeignete Gegenmaßnahmen zu ergreifen.

Krankheiten können nichtparasitärer oder parasitärer Art sein.

Bild 34. Die blaugrünen Sedumpflanzen an den Schmalseiten des Kastens passen gut zu den Rottönen der Pelargonienblüten. Aufnahme S. Henrich

Nichtparasitäre Krankheiten

Korkflecken. Zu den bekanntesten nichtparasitären Krankheiten gehören die Korkflecken. Sehr stark treten Sie im Frühjahr auf. Besonders anfällig dafür sind die Efeupelargonien. *Merkmale:* An den Blättern zunächst kleine gelbliche Flecken, die gegen das Licht durchscheinend sind. Später vergrößern sich die Flecken, die Oberhaut platzt, das Gewebe verkorkt bräunlich. Die Korkflecken können auf der Blattunterseite wie am Blattstiel auftreten.
Ursache: Eine physiologische Störung, die meist durch hohe Luftfeuchtigkeit und gleichzeitig hohe Wassergaben bedingt ist. Korkflecken treten daher besonders stark auf nach längeren Schönwetterperioden, denen trübes, feuchtes Wetter folgt. Gegenmaßnahmen sind nahezu ausgeschlossen. Ganz verhindern läßt sich diese Erscheinung nicht, doch sollte man bei solchen Witterungsverhältnissen die Pelargonien nicht übermäßig gießen, damit das Blattgewebe nicht platzt und dann verkorkt.

Rotfärbung der Blätter. Die im Frühjahr oft zu beobachtende Rotfärbung der Blätter tritt vielfach im April/Mai auf. *Ursache:* Meist sind zu niedere Temperaturen dafür verantwortlich, die eine verstärkte Ausbildung des roten Farbstoffs Anthocyan bewirken. Hinzu kommt, daß bei niederen Temperaturen die Pflanze zu wenig Nährstoffe aus dem Boden aufnehmen kann, was die Verfärbung begünstigt (vgl. Seite 51).

Chlorose. Bei Chlorose verfärbt sich das Laub gelb. *Ursache:* Eisenmangel. Entweder enthält der Boden zu wenig Eisen oder das vorhandene Eisen liegt in einer für die Pflanze nicht zugänglichen Form vor, wie es bei erhöhtem Kalkgehalt der Fall ist. Kalk bindet Eisen. *Abhilfe:* durch Gießen mit leicht löslichen Eisenverbindungen, sog. Eisenchelaten wie Fetrilon, Sequestren und anderen im Fachhandel erhältlichen Präparaten.

Parasitäre Krankheiten

Zu den parasitären Erkrankungen zählen Schäden, die durch Viren, Bakterien und Pilze hervorgerufen werden. Man bezeichnet diese Krankheiten nach ihren Erregern Virosen, Bakteriosen und Mykosen. Es ist nicht möglich, alle Krankheiten, die Symptome und ihre Bekämpfung ausführlich zu schildern. Nur auf einige wesentliche sei hier kurz hingewiesen, weil sie auch vom Blumenfreund rechtzeitig erkannt und, sofern möglich, bekämpft werden können und müssen. Etwas Beobachtungsvermögen und eine rasche Entscheidung im Zusammenhang mit der Bekämpfung sind Voraussetzung für wirkungsvolle Gegenmaßnahmen. Denn einmal befallene und erkrankte Pflanzenteile gesunden meistens nicht mehr. Wichtig ist deshalb, daß man die noch gesunden Pflanzenteile vor einer Infektion bewahrt.

Virosen. Bei Pelargonien treten eine ganze Reihe von Virosen auf. Wirtschaftlich bedeutend sind drei Erreger, die ihren Namen dem Krankheitsbild verdanken, das sie verursachen: Das

Bild 35. Die verschiedenen Pelargoniensorten bilden mit Calceolarien (oben) oder Petunien (unten) einen schönen Kontrast zum dunklen Fachwerk. Aufnahme Dr. Zunke

Bild 36. Bakterienwelke. Aufnahme M. Geigenmüller, Landesanstalt für Pflanzenschutz, Stuttgart

Ringfleckenvirus bildet gelbe Ringe und Flecken auf den Blättern, das *Mosaikvirus* erzeugt auf den Blättern mosaikartig verteilte Flecken und das *Kräuselvirus* bewirkt Verformungen und Verkrüppelungen an Blättern und jungen Trieben. Viren sind unvorstellbar kleine Eiweißbausteine. Eine Bekämpfung ist nicht möglich. Sollten Viruserscheinungen an den Pelargonien auftreten, ist es am besten, die befallenen Pflanzenteile sofort zu entfernen oder bei starkem Befall sich von den betreffenden Pflanzen ganz zu trennen. Der Einsatz von Schädlingsbekämpfungsmitteln bringt keinen Erfolg.

Bakteriosen. Zu den schwerwiegendsten Krankheiten zählen die Schäden durch Bakterien. Von besonderer Wichtigkeit ist die *Blatt-* oder *Stengelwelke,* auch *Bakterienwelke* genannt, die durch das Bakterium *Xanthomonas pelargonii* hervorgerufen wird (Bild 36). Zunächst bilden sich an den Blättern unregelmäßig geformte Flecken. Später tritt eine Art Trockenfäule an den Stengeln auf; die Pflanze welkt und stirbt nach kurzer Zeit ab. Das gefährliche an dieser Krankheit ist, daß sich die Erreger vor allem bei hoher Luftfeuchtigkeit und Wärme sehr rasch vermehren.

Durch Niederschläge oder Gießwasser kann Bakterienschleim von Pflanze zu Pflanze übertragen werden. Auch durch den Stecklingsschnitt, das Erdsubstrat oder durch Insekten sind Infektionen gesunder Pflanzen bereits nachgewiesen worden.

Um der gefährlichen Bakteriosekrankheit vorzubeugen, sollte man neue Pelargonien nur bei einem Gärtner kaufen, der seine Jungpflanzen aus einem Spezialbetrieb bezieht, wo die Mutterpflanzen jedes Jahr neu aus gesunden Elitebeständen, am besten aus gewebekulturvermehrten und getesteten Pflanzen aufgebaut werden.

Besitzt man schon verdächtige Pflanzen, sind sie sofort zu entfernen und befallene Pflanzenteile zu vernichten. Auf die vegetative Vermehrung eines solchen Bestandes sollte man verzichten. Eine direkte Bekämpfung mit Pflanzenschutzmitteln ist nicht möglich.

Wer in dieser Hinsicht Pech gehabt hat, so daß die Pflanzen vielleicht ganz ausgefallen sind, sollte die Gefäße vor einer Wiederverwendung für Pelargonien gründlich desinfizieren. Die Erde ist ohnehin auszuwechseln. Als Desinfektionsmittel eignen sich Lösungen aus Delegol (100–200 ml/10 L Wasser) oder Formalin (250–500 ml/10 L Wasser), in die man die Gefäße eintaucht. Vorsicht ist dabei angebracht; man halte sich stets an die allgemeinen Vorschriften für den Umgang mit diesen Präparaten.

Mykosen. Einige der wichtigsten Pilzkrankheiten für Pelargonien sollen hier geschildert werden.

Schwarzbeinigkeit (Erreger: *Pythium debaryanum*) ist eine weit verbreitete Pilzkrankheit, die auch unter dem Namen *Vermehrungspilz* oder *Stengelgrundfäule* bekannt ist. Der Pilz infiziert meist Jungpflanzen, also Stecklinge und verursacht eine Naßfäule am Stengelgrund. Dadurch welken die Pflanzen und gehen unter Schwarzfärbung der Stengelteile ein.

Um eine Infektion zu verhindern, sollte man beim Vermehren niedrige Temperaturen und eine zu große Feuchtigkeit vermeiden. Zur Bekämpfung haben sich einige Mittel bewährt. Geeignet sind Captan- und Ferbam-Präparate sowie das Spezialpräparat Previcur. Manche Sorten reagieren im Jungpflanzenstadium auf Captan empfindlich. Am besten gießt man die Jungpflanzen mit einem dieser Mittel an.

Grauschimmel (Erreger: *Botrytis cinerea*) tritt in lichtarmen Jahreszeiten, vor allem bei hoher Luftfeuchtigkeit, auf. Zunächst zeigen sich Blattflecken und auch Stengelverfärbungen, auf denen sich bald ein grauer, wolliger Schimmelbelag entwickelt. Genügend Luftzutritt und eine gewisse Lufttrockenheit verhindern vorbeugend die Infektion. Zur direkten Bekämpfung spritzt man mit Spezialmitteln wie Tecto FL, Euparen und Ronilan.

Pelargonienrost (Erreger: *Puccinia pelargonii*) ist eine schlimme Pilzkrankheit, die an den Blättern der Zonalpelargonien auftritt. Auf der Oberseite zeigen sich meist hellgelbe Flecken, auf der Unterseite braune, oft in konzentrischen Ringen angeordnete Sporenlager, die an warmen, trockenen Tagen Myriaden stäubender Rostsporen entlassen,

die der Wind über größere Entfernungen fortträgt. So kommt es, daß zunächst völlig gesunde Zonalpelargonien plötzlich von diesem unangenehmen Rostpilz befallen sind.
Beim ersten Anzeichen einer Infektion genügt das Entfernen und Vernichten der Blätter. Gegen stärkeren Befall sollte man mit organischen Spritzmitteln, sogenannten Fungiziden, vorgehen (z. B. Dithane Ultra und Saprol). Man spritzt die Pflanzen, bis sie tropfnaß sind und wiederholt den Vorgang im Abstand von ein bis zwei Wochen, damit sich die Krankheit nicht ausbreitet.
Vor allem die Blattunterseiten sollten von der Spritzbrühe benetzt sein. Bei starkem Befall können die befallenen Pflanzen absterben.
Verticillium-Welke (Erreger: *Verticillium alboatrum*) ruft bei Pelargonien eine Welkekrankheit hervor mit Symptomen, die an die Bakterienwelke erinnern. Zunächst welken die Blätter, und durch die gestörte Wasserversorgung sterben bald ganze Pflanzenteile ab. Im Gegensatz zur Bakterienwelke tritt diese Krankheit meistens bei kühler Witterung auf; durch ihre Ähnlichkeit aber läßt sie sich kaum von dieser unterscheiden. Nur der Fachmann kann die Erreger identifizieren.
Die Verticillium-Welke wird mit Hilfe von organischen Fungiziden bekämpft. Am besten wendet man das jeweilige Mittel im Gießverfahren an.

Tierische Schädlinge

Zahlreiche tierische Schädlinge leben an Pelargonien. Sie verursachen die unterschiedlichsten Schadbilder, die um so schwerwiegender sind, je stärker der Befall. Nur die wichtigsten Schädlinge seien hier angeführt.

Blattläuse vermehren sich außerordentlich stark und können erhebliche Schäden durch ihre Saugtätigkeit verursachen. Die Saugstellen sind als helle Flecken gekennzeichnet. Bei stärkerem Befall zeigen sich Kräuselungen oder Verkrüppelungen an den Blättern und Triebspitzen. Blattläuse sind auch als Überträger von Viren bekannt und können daher echte Großschädiger sein.
Ihre Bekämpfung sollte frühzeitig einsetzen. Im häuslichen Bereich gibt es zahlreiche ungefährliche Pflanzenschutzmittel gegen Insekten (Insektizide), die auch gegen Blattläuse wirken. Sie sollte man bevorzugen.

Weiße Fliegen sind genau genommen Mottenschildläuse, die wie weiß gepudert aussehen. Ihre zarten Flügel falten sie dachziegelartig über dem Körper zusammen. Bei Trockenheit und Wärme können sie sich massenhaft vermehren.
Auch die Weiße Fliege schädigt die Wirtspflanze durch ihre Saugtätigkeit. Ihre Bekämpfung ist jedoch äußerst schwierig und gelingt nur mit Spezialmitteln, die man spritzt, und zwar im Abstand von mindestens 3–4 Tagen. Da die handelsüblichen Präparate meist nur gegen frischgeschlüpfte Larven wirken, sollte man bei der Bekämpfung nach einem genauen Plan systematisch vorgehen. Ein Spezialmittel zur Bekämpfung der Weißen Fliege ist Actellic 50.

Spinnmilben sind winzig kleine Spinnentiere, die sich durch ihre Robustheit und Widerstandskraft auszeichnen. Am bekanntesten sind "Rote Spinnen" und Weichhautmilben. Beide Milbenarten treten in großer Zahl auf und leben an der Blattunterseite. Durch ihre Saugtätigkeit verursachen sie dort silbrigweiße Flecken, die durch eindringende Luft zustandekommen. Auch Spinnmilben vermehren sich bei Wärme und Trockenheit ungeheuer stark. Am erfolgreichsten vernichtet man sie mit Präparaten, die ausdrücklich zur Bekämpfung von Spinnmilben zugelassen sind, z. B. Kelthane. Eine wirkungsvolle Bekämpfung erzielt man durch mehrmaliges Spritzen im Abstand von fünf bis sieben Tagen, denn die Tiere sind sehr hartnäckig und widerstandsfähig.

Schnecken treten vor allem an Pelargonien auf, die im Freiland ausgepflanzt sind. Während feuchter Witterungsperioden befallen sie die Pflanzen und verursachen den typischen Lochfraß an den Blättern.

Ihre Bekämpfung ist mit Hilfe von "Schneckenkorn" schnell und wirkungsvoll.

Trauermücken sind winzig kleine Fliegen, die vorwiegend im Larvenstadium schädlich werden. Die im Boden lebenden Larven dringen in das Weichgewebe der Wurzeln und der bodennahen Stengelteile ein und schädigen dort die Pflanzen stark. An den Befallsstellen treten häufig Pilzkrankheiten auf.

Mit einem Befall im Freiland ist normalerweise nicht zu rechnen, umso mehr aber im geschützten Raum bei warmer Temperatur und höherer Ballenfeuchtigkeit. Zur Vorbeugung achte man darauf, daß die Pflanzen ein gutes, kräftiges Wurzelwerk haben, das man nur mäßig feucht hält.

Eine direkte Bekämpfung ist z. B. durch Birlane-Granulat möglich, von dem man einige Körner auf die Topferde streut. Durch das Gießwasser dringt der Wirkstoff in die Erde ein und tötet die Trauermückenlarven ab.

Sortenübersicht

Züchter in der ganzen Welt haben sich um eine ständige Verbesserung der Sorten bemüht. Heute gibt es mehrere Hundert Sorten, von denen eine recht große Anzahl kultiviert wird. Sie unterscheiden sich in den Wuchseigenschaften, dem Blütenaufbau und der Blütenfarbe. Da der Blumenfreund seine Pflanzen vielfach ohne nähere Sortenkenntnis erwirbt, sollen hier nur die bedeutendsten und wichtigsten Pelargonien-Sorten aufgeführt werden.

Sorte	Blütenfarbe	Blütenfüllung	Verwendungszweck 1	2	3	4	5	Bemerkungen
'Agnes Bernauer' Bild 23)	rot, weißes Auge	e	x	x			x	
'Alex'	leuchtendrot	hg	x		x		x	Universelle Verwendung
'Apollo'	leuchtendscharlach	g		x				Kräftiger Wuchs
'Bundeskanzler'	dunkelorangerot	e	x	x	x	x		Wetterfest
'Dresdner Puppe'	weiß	e	x	x				Sorte gibt es auch in anderen Farben
'Dresdner Puppe rosa mit Auge'	rosa	e	x	x				
'Empress' (Bild 1)	karmesinrot	e	x	x				Universelle Verwendung
'Glarona'	dunkelrot	e		x	x	x	x	
'Happy'	dunkellachs	e	x	x			x	
'Hönnefrühling'	zartrosa	e	x	x	x		x	Universelle Verwendung
'Irene'	blaurot	g	x	x	x			Ca. 50 Irene-Sorten im Handel
'Kardinal'	violett	e	x	x	x			Universelle Verwendung
'Maloya'	ziegelrot	e	x	x				Starkwachsend, reichblühend

			1	2	3	4	5	
‘Minipel’	orange, scharlach, rosa, karmin	e	x	x	x	x	x	Schwachwüchsige Sorte für universellen Einsatz
‘Paul Götz’	leuchtend hellrot	e	x	x				Meistens als ‘Verb. Götz’ im Handel, altbekannte Sorte
‘Pink Camellia’	zartrosa	g	x	x				
‘Purpurball’	purpurrot	hg	x	x			x	Sehr früh, wetterfest
‘Rosenquarz’	rosa	g	x				x	
‘Rubin’	signalrot	g	x	x			x	Meistens unter der Bezeichnung ‘Verbesserter Rubin-Typ’ im Handel
‘Sophie Königer’ (Bild 1)	pastellachs	g	x	x				
‘Stadt Bern’ (Bild 24)	zinnoberrot	e	x	x	x	x	x	Wetterfest, intensiv gezeichnetes Blatt
‘Vesuv’	rubinrot	hg	x	x	x	x	x	Universelle Verwendung
‘Westfalengruß’	geranienrot	hg					x	
‘Westfalenstar’	leuchtendrot	hg	x	x	x			
‘Schöne von Grenchen’ (Bild 11)	zinnoberrot	g	x	x	x	x		Bewährte Sorte, sehr wetterbeständig

e = einfach, g = gefüllt, hg = halbgefüllt
1 = Balkonkästen, Pflanzgefäße, 2 = Freiland, 3 = Grabbepflanzung, 4 = Steingärten, Einfassung, 5 = Topfpflanze

Efeupelargonien

Sorte	Blütenfarbe	Blütenfüllung	Verwendungszweck				Bemerkungen
			1	2	3	4	
'Amethyst'	dunkellila	g	x	x	x	x	Auch unter der Bezeichnung 'Dunkle Amethyst', 'Hillscheider Amethyst', 'Dresdner Amethyst' usw. im Handel, Hauptsorte
'Balkon Imperial' oder 'Feuercascade'	rot	e	x	x			Auch in rosa und lila Farbtönen im Handel, wetterfest
'Cascade'	rot, lila, lachs	e	x	x			Reichblühende Sorte in verschiedenen Farbtönen
'Galilee'	hellrosa	g	x	x			
'Lachskönigin'	dunkellachs mit Auge	g	x	x			Frühblühend
'Leuchtcascade'	rot	e	x	x			
'Mexikanerin' (Bild 37)	weiß mit dunkelscharlachroten Streifen	hg	x	x			Auch unter dem Namen 'Rouletta' bekannt
'Mini-Cascade'	rosa, rot	e	x	x	x	x	Auch als Topfpflanze geeignet, empfindlich gegen Nässe
'Rigi'	dunkelrosa	g					
'Santa Paula'	dunkellila	g	x	x	x		

‘Schneekönigin’	weiß	hg	x	x			Blüten mit roter Zeichnung
‘Ville de Paris’	altrosa	e	x	x			Auch für schattigere Lagen geeignet

e = einfach, g = gefüllt, hg = halbgefüllt
1 = Balkon, Pflanzgefäße, 2 = Ampeln, 3 = Grabbepflanzung, 4 = Freiland

F_1-Hybriden (Samenpelargonien)

Sorte	**Blütenfarbe**	**Blütenfüllung**	**Verwendungszweck**					**Bemerkungen**
			1	2	3	4	5	
‘Cherie’	lachsrosa	e	x	x	x			
‘Heidi’	rosarot-weiß	e	x	x				Reichblühende Liebhabersorte, kräftiger Wuchs
‘Mustang’	dunkelscharlachrot	e	x	x				Kräftiger Wuchs
‘Ringo’ (Bild 25)	scharlachrot	e	x	x	x			Auch in den Farben Lachs, Ziegelrot und Lilarosa erhältlich, gute Blattzeichnung
‘Red Express’	karminscharlach	e	x	x	x		x	
‘Rosita’	lilarosa	e	x	x				
‘Snowdon’	weiß	e	x	x				Frühblühend
‘Sprinter’ (Bild 22)	scharlachrot	e	x	x	x			Standardsorte für Beete

e = einfach
1 = Balkonkästen, Pflanzgefäße, 2 = Freiland, 3 = Grabbepflanzung, 4 = Steingärten, Einfassung 5 = Topfpflanze

Bild 37. 'Mexikanerin' ist eine sehr aparte Efeupelargonie mit rotgerandeten, weißen Blüten. Aufnahme Dr. Zunke

Edelpelargonien

Die Sorten der Edelpelargonien entstanden durch Kreuzung verschiedener Arten mit *P. grandiflorum.* Sie sind in vielerlei Hinsicht anspruchsvoller als die Pelargonien. Deshalb werden sie in der Hauptsache als Topfpflanzen kultiviert, weniger als Balkonpflanzen. Die älteren Sorten reagierten empfindlicher. Inzwischen gibt es wertvolle Nachzüchtungen mit einer gewissen Widerstandskraft. Auch die Haltbarkeit der Blüten ist bei den neuen Sorten besser, so daß die Edelpelargonien nach einigen Jahrzehnten der Ruhe heute wieder mehr angebaut werden. In sonnigen, geschützten Lagen findet man sie auch als Balkon- und Kübelpflanze.

Ansprüche an die Umgebung

Die Anzucht von Edelpelargonien wird vom Liebhaber selten betrieben. Meistens bezieht man die Gewächse im Frühjahr, etwa ab April, als Topfpflanze und stellt sie zunächst als Zimmerschmuck in Wohn-und Geschäftsräumen auf. Da die Pflanzen hohe Ansprüche an frische Luft und freien Stand stellen, kann man sie ab etwa Mitte Mai an einen geschützten Platz im Freien oder auch an ein offenes, zugfreies Fenster bringen. Wichtig ist, daß der Blumenfreund die Ansprüche der Edelpelargonien beachtet, nur dann kann er

sich lange an diesen Gewächsen und ihren herrlichen Blüten erfreuen. Im allgemeinen wünschen Edelpelargonien einen hellen, nur vor praller Mittagssonne geschützten Standort. Die besten Kulturtemperaturen liegen bei etwa 20° C. Ansonsten brauchen die Pflanzen nur gleichmäßige Feuchtigkeit und eine entsprechende Nährstoffzufuhr. Die Edelpelargonie ist nicht so robust wie die Zonalpelargonie, so daß man hinsichtlich der Pflegemaßnahmen etwas aufmerksamer sein muß.
Im allgemeinen wird man so die Edelpelargonien den Sommer über sehr gut halten können. Normalerweise werden sie nur einjährig kultiviert. Liebhaber mit etwas Geduld und Einfühlungsvermögen können auch eine mehrjährige Kultur ins Auge fassen.

Vermehrung und Anzucht

Stecklinge. Edelpelargonien werden nur vegetativ vermehrt. Als Mutterpflanzen verwendet man dazu normale Topf- oder Balkonpflanzen und schneidet die Stecklinge am besten im August (siehe Seite 29 ff).
Gesteckt wird in kleine Töpfe mit einem Sand/Torf-Gemisch (1:1). Die Bewurzelung erfolgt bei den um diese Jahreszeit üblichen Temperaturen (18–20° C) an einem hellen Platz bei mäßiger Ballenfeuchtigkeit. Im Gegensatz zu den Zonalpelargonien bewurzeln sich die Edelpelargonien nicht so leicht. Die bewurzelten Stecklingspflanzen kann man ein- bis zweimal im Abstand von 14 Tagen mit einer schwachen Düngerlösung (etwa 0,2%ig) gießen, damit sie besser antreiben und gleichzeitig einen guten Wurzelballen bilden.
Überwinterung. Etwa im Oktober verpflanzt man sie in größere Töpfe (10 cm ∅) und stellt sie an einen hellen, luftigen Platz, wo die Temperaturen zunächst zwischen 16 und 20° C liegen können, damit die Pflanzen leichter einwurzeln. Im Januar und Februar brauchen sie eine Kühlperiode. Sie stimuliert die Pflanzen und regt die Blütenbildung an. Die Temperaturen sollten in dieser Zeit auf etwa 10–12° C gesenkt werden. Man hält die Pflanzen etwa zwei Monate bei diesen niederen Temperaturen und erhöht dann wieder auf etwa 18° C. Während der Ruhezeit gießt man nur mäßig, danach wieder mehr.
Je nach Entwicklungsstand muß man vielleicht einmal stutzen. Normalerweise aber verzweigen sich die modernen Sorten willig von selbst. Im März oder April erfolgt ein weiteres Umtopfen in einen 11- oder 12-cm-Topf. Diese Topfgröße reicht für die Weiterkultur in diesem Jahr völlig aus.
Erde. Als Erdsubstrat verwende man eine humose, lockere Blumenerde wie Einheitserde und Torfkultursubstrate. Eigene Mischungen lassen sich aus sandiger Gartenerde mit hohem Torfanteil selbst zusammenmischen.
Düngung. Eine schwache Grunddüngung aus organisch-mineralischem oder mineralischem Dünger ist möglich. Vom organisch-mineralischen Dünger mischt man ca. 50 g je 10 Liter Erde, vom mineralischen etwa 30 g je 10 Liter Erde unter. Wer eine glückliche Hand hat, kann bis etwa Mai die Edelpelargo-

nien zum Blühen bringen, vorausgesetzt, daß die Kühlperiode eingehalten wurde.

Licht. Außerdem könnte eine Zusatzbelichtung nach der Blüteninduktion, also im Frühjahr, das Aufblühen unterstützen. Damit läßt sich der Tag morgens und abends verlängern, so daß Langtagverhältnisse entstehen. Unter einem Langtag versteht man eine durchgehende Belichtung der Pflanzen von etwa 14 Stunden, die Dunkelperiode soll 10 Stunden betragen. Als Zusatzlicht eignen sich am besten Leuchtstoffröhren, die in geringem Abstand über den Jungpflanzen hängen. Zur Einrichtung lasse man sich von einem Fachmann beraten.

Hemmstoffbehandlung. Wer dicht verzweigte Pflanzen wünscht, behandle sie mit Cycocel bzw. Gartenbau-Cycocel (vgl. Seite 34). Man gießt die Pflanzen mit einer 0,4 bis 0,8%igen (40 bis 80 ml pro 10 l Wasser) Lösung. Im Spritzverfahren sollte die Konzentration nur 0,2 bis 0,4%ig (20 bis 40 ml/10 l Wasser) betragen, um Blattschäden zu vermeiden. Die Behandlung mit diesem Wuchshemmstoff beginnt am besten nach dem Eintopfen in den Endtopf, etwa März oder April.

Weiterkultur und Pflege

Standort. Blühende Pflanzen kultiviert man an einem hellen, luftigen Standort weiter. Die Hauptblühzeit erstreckt sich bis zu den Sommermonaten. Währenddessen entwickeln sich sehr große Einzelblüten mit einem Durchmesser von teilweise über fünf Zentimeter. Sie stehen in dichten Dolden an mittellangen Blütenstielen. Die Blütenfarben sind vorzugsweise Rot, Rosa, Weiß, Lila mit dunklen Flecken.

Bild 38. Edelpelargonien wirken schon für sich so attraktiv, daß man sie ungern mit anderen Sommerblumen zusammenpflanzt. Aufnahme Dr. Jesse

Gießen und Düngen. Während der sommerlichen Kulturzeit sind regelmäßiges Gießen und gelegentliches Düngen wichtig. Weitere Pflegemaßnahmen sind, außer einer eventuellen Schädlingsbekämpfung, nicht zu beachten.

Verwendung

Edelpelargonien sollen nur dort als Balkonpflanzen verwendet werden, wo ein geschützter Standort eine gute Entwicklung garantiert. Die neueren Sorten sind für diesen Verwendungszweck in gewissem Umfange verwendbar.

Am besten pflanzt man die Edelpelargonien unter sich (Bild 38). Gemischte Pflanzungen mit anderen Sommerblumen sind in der Regel nicht üblich.

Überwinterung

Mit genügend Erfahrung lassen sich Edelpelargonien mehrere Jahre kultivieren. Meistens wird empfohlen, die Triebe nach der Blüte leicht zurückzuschneiden. Die Pflanzen werden dann den Winter über an einem sehr hellen Standort bei 10 bis 12° C aufgestellt. In dieser Zeit ist nur sehr vorsichtig zu gießen, gedüngt wird nicht.

Edelpelargonien

Sorte	Blütenfarbe	Bemerkungen
'Angelika'	zartrosa	Sehr ausgeglichener, kompakter, mittelstarker Wuchs, sehr reichblühend
'Aurora'	weiß mit rotem Auge	Empfehlenswerte Sorte
'Ballett'	weiß mit kräftigem Auge	Mittelstarker, ausgeglichener kompakter Wuchs, sehr reichblühend
'Chiquita'	hellachs mit braunem Auge	Kräftig rot, reichblühend mit sehr großen Blütendolden
'Country Girl'	rosa mit tiefroter Zeichnung	Niedere, den ganzen Sommer über blühende Sorte, sehr ausgeglichen
'Grand Slam'	leuchtendrot	Gibt es auch in anderen Farben, Standardsorten
'Letha S'	hell-lachsrot	Großblumig, früh, Dauerblüher
'Knauffs Leuchtfeuer'	leuchtendrot	Mittelstarker bis starker, kompakter, ausgeglichener Wuchs, spätblühend
'Marie Vogel'	rot mit schwarzen Flecken	Altbewährte Sorte mit sehr starkem Wuchs, neigt zum Langwerden
'Mephisto'	scharlach	Mittelstarker, kompakter Wuchs, sehr reichblühend, sehr ansprechende Sorte
'Martha Süptitz'	lilafarbig	Starker, kompakter Wuchs, sehr ausgeglichen und reichblühend
'Wachauerin'	rosa	Mittelstarker, kompakter, sehr ausgeglichener Wuchs, sehr reichblühend mit gekrausten Blüten
'White Swan'	weiß mit dunkelroten Flecken	Starker, ausgeglichener Wuchs, früh und sehr reichblühend
'Wig 74'	hellachs	Mittelstarker bis starker, kompakter Wuchs, reichblühend

Eine ausgesprochene Ruhezeit machen die Edelpelargonien nicht durch, deshalb ist etwas Feuchtigkeit immer erforderlich. Hier muß der Blumenfreund eine glückliche Hand haben, um die Pflanzen mit Erfolg zu überwintern.
Die Blühwilligkeit läßt bei Edelpelargonien ab dem vierten Jahr nach. Deshalb sollte man immer wieder junge Pflanzen nachziehen und die alten wegwerfen.

Schädlinge und Krankheiten

Im übrigen achte man auf einen möglichen Schädlingsbefall. Im Gegensatz zu den Zonalpelargonien sind Edelpelargonien weniger anfällig, doch werden sie gerne von tierischen Schädlingen, besonders der Weißen Fliege befallen (siehe Seite 55 ff).

Sortenübersicht

Edelpelargonien werden in über 40 Sorten kultiviert. Einige davon haben sich besonders bewährt und spielen in Europa eine bedeutende Rolle. Die wichtigsten sind in der linksstehenden Tabelle aufgeführt.

Duftpelargonien

Neben den blütenprächtigen oder durch buntes Laub auffallenden Pelargonien gibt es noch solche mit unscheinbaren Blüten, aber stark aromatisch duftenden Blättern. Auch sie stammen aus Südafrika und werden schon seit dem 18. Jahrhundert kultiviert. Als Zimmerpflanzen sind sie sehr beliebt, doch im Handel nur schwer zu bekommen (Bild 39). Vermehrung durch Stecklinge ist möglich. Hier einige der bekanntesten Arten.

Rosengeranium, *Pelargonium graveolens*
Strauch mit handförmig gelappten, tief eingeschnittenen, beiderseits behaarten Blättern, die einen balsaminenähnlichen Duft verströmen. Die Blüten sind klein, hell- oder dunkelrosa.
Die schon vor 200 Jahren nach Europa eingeführte Art läßt sich gut vermehren und kultivieren. Stecklinge schneidet man im März oder April dicht unter einem Blatt und steckt sie in kleine Töpfchen mit einem Sand/Torf-Gemisch (1:1). Dort bewurzeln sie sich schnell an einem hellen, nicht sonnigen Platz bei ca. 20° C. Mancher Liebhaber bringt sie auch in einem Glas Wasser zum Bewurzeln. Die bewurzelten Stecklinge setzt man in kleine Töpfe um und pflegt sie an hellem, sonnigem und luftigem Platz weiter. Als Substrat genügen übliche Blumenerde, auch eigene Mischungen aus Garten- oder Landerde mit Torf. Während der Hauptwachstumszeit (Mai/August) ist regelmäßig zu wässern und wöchentlich einmal zu düngen. Als Kopfdünger verwendet man üblichen Blumendünger in flüssiger oder fester Form (0,2%ig, d. h. 2 g oder ml Dünger/l Wasser).
Die Überwinterung erfolgt wie bei allen Pelargonien an einem hellen, luftigen und kühlen Platz.
Im Spätwinter oder Frühjahr (März) kann man die Triebe auf etwa 10 cm zurückschneiden. Die schlafenden Augen treiben dann willig aus. So läßt sich ein kompakter, buschiger Aufbau auch

in den folgenden Jahren erreichen. Bei Bedarf kann man im Frühjahr umpflanzen. Meist wird man Rosengeranien 2–3 Jahre kultivieren und dann Jungware wieder selbst heranziehen.
Übrigens wird auch *Pelargonium radens* als Rosengeranium bezeichnet. Diese Art wächst etwas stärker, hat handförmig geteilte Blätter, oberseits rauh-steifhaarig, unterseits weichhaarig und ebenfalls intensiv duftend. Die Blütenstiele sind kurz und tragen 4–5 kleine, blaß-purpurne, dunkel geaderte Blüten.
In Nordafrika und Kleinasien wird *Pelargonium radens* var. *roseum* (Kreuzung aus *P. graveolens* und *P. radens*) für die Parfümherstellung kultiviert. Diese Varietät soll heute auch verwildert anzutreffen sein.

Zitronengeranium, *Pelargonium odoratissimum*
Diese strauchig wachsende Art bildet einen kurzen Stamm mit krautigen Zweigen. Die Blätter sind langgestielt, stumpf-herzförmig bis herz-nierenförmig, ganzrandig oder ausgeschweift lappig, sehr weich und samtig. Sie duften angenehm nach Zitrone. Auf fadenförmigen Stielen bilden sich 5–10 kleine, weiß- bis rosafarbene Blüten.
Zitronengeranien werden wegen ihres würzigen Duftes schon über 150 Jahre kultiviert. Anzucht und Pflege wie bei Rosengeranien.

Bild 39. Die kleine Auswahl von Pelargonien zeigt die Vielfältigkeit in der Blüten- und Blattbildung dieser Gewächse (Duftpelargonien, Zonalpelargonien, panaschierte Efeupelargonien und eine violettblühende Sorte der *P. regale*). Aufnahme P. Toler

Weitere Arten, die wegen ihrer duftenden Blätter beliebte Zimmerpflanzen sind: *P. capitatum, P. crispum, P. exstipulatum* und *P. tomentosum.*

Geranien

Die Gattung *Geranium,* Storchschnabel, umfaßt mehrere Arten, die man nur im Garten verwendet. Die relativ widerstandsfähigen Kräuter oder Halbsträucher besitzen gegen- oder wechselständige, gezähnte Blätter, die fingerförmig gelappt oder zerschlitzt sind. Die fünfblättrigen Blüten sind vorwiegend zartrosa, lilarosa, violett, lichtblau oder weiß und sitzen meist allein oder zu zweien am Blütenstiel. Nach der Blüte bilden sich Früchtchen mit bogig zurückrollenden „Grannen“.
Geranien sind im allgemeinen sehr anspruchslos. Sie gedeihen, je nach Art an sonnigen bis halbschattigen Standorten und lieben einen nahrhaften, manchmal auch durchlässigen, lockeren Boden mit einem gewissen Kalkanteil. Sie eignen sich für Staudenrabatten in freier Lage und unter Gehölzen, als Vorpflanzung vor Mauern, Bäumen und Sträuchern, in Gemeinschaft mit anderen Stauden (Bild 41) rund um Wasserbecken und für den Steingarten.
Eine besondere Eigenschaft dieser Gewächse: Sie sind sehr gute Bodendecker, entweder allein oder in Gemeinschaft mit anderen Gartenstauden, die ähnliche Eigenschaften aufweisen. Schon nach kurzer Zeit verwurzeln sie sich

Bild 40. Für Flächenbepflanzungen im Garten eignet sich die großblumige *Geranium platypetalum* besonders gut. Aufnahme Prof. Dr. Rauh

stark im Boden, so daß man auch Böschungen und überhaupt Hanglagen gut damit bepflanzen kann. Sie breiten sich im Laufe der Zeit willig aus und decken die Bodenoberfläche dicht ab. Der Gartenfreund benutzt sie daher auch gern als Rasenersatz für kleinere Flächen, die er nicht mit Rasen einsäen möchte.
Rund 10 Geranienarten werden in den Staudengärtnereien angeboten. Einige davon wirken nicht nur durch die zierlichen Blüten und das dichte Blattwerk, sondern auch durch eine prächtige Herbstfärbung. Manche hat man züchterisch weiterentwickelt und bietet sie in besonders attraktiven Sorten an. Man kann sie im kleinen Topf oder mit Torfballen kaufen und so zu den üblichen Pflanzzeiten oder nahezu ganzjährig im Garten auspflanzen. Ältere Horste gräbt man vorsichtig aus, teilt sie und pflanzt neu ein.

Arten, Sorten, Verwendung *

Geranium dalmaticum
⊥ 10 ♃ ⌓ VI–VIII ○ *
Rundliche, oft rötlich getönte Blätter, seidig-rosafarbene Blüten.
Verwendung. Steingarten, Terrasse, zwischen Plattenwegen und Treppenstufen, Mauerkronen. Begleitende Pflanzen können z. B. Glockenblume, Steinkraut,

---

*

⊥	Höhe in cm	VI	Blühzeit
⊣	Breite in cm	○	volle Sonne
♃	Staude	◐	Halbschatten
⌓	Polster	●	Schatten
⤳	Bodendecker		

Fetthenne und Dachwurz sein. Einzel- und Gruppenpflanzung. Als wertvolle, robuste Wildform auch für pflegearme Gartenflächen geeignet. Sorte: 'Album' mit weißen Blüten.

G. endressii

⊥ 20–30 ♃ ⇝ V–VIII ○–◐

Aus den Westpyrenäen stammend. 5lappige, hellgrüne Blätter; leuchtendrosa Blüten. Liebt nährstoffreichen Boden ohne Staunässe.

Verwendung. Besonders für große Flächen, auch als Vor- oder Zwischenpflanzung bei Gehölzen. Die Pflanzen breiten sich rasch aus und passen gut an den Rand von Gehölzen.

G. macrorrhizum

⊣ 100 ⇝ V–VII ○–◐

Aus den Kalkalpen stammend. Dicke Triebe mit rundlichen, langgestielten, 5-7lappigen Blättern; Blüten blutrot, an langgestieltem, doldigem Blütenstand. Ganze Pflanze aromatisch duftend. Liebt nährstoffreichen, mehr trockenen als feuchten Boden.

Verwendung. Vor Gehölzen, auch in Einzel- oder Gruppenpflanzung. Wertvoll durch schöne Herbstfärbung. Auch für Alpinum mit Kalkgeröll geeignet. Sorten: 'Spessart' mit blauvioletten und 'Ingwersen' mit intensiv rosa Blüten. Paßt bei flächiger Auspflanzung in die Gemeinschaft von Frauenmantel und Johanniskraut.

G. meeboldii

⊥ 30–40 ♃ VII–IX ○

Wird meist unter der alten Bezeichnung *G. grandiflorum* geführt. Aus dem Himalajagebiet stammend. Mit runden, 5teiligen Blättern, drüsig behaarte Blattstiele; Blüten blauviolett, rot geadert, meist zu zweien. Schätzt nährstoffreichen, trockenen Boden.

Verwendung. Als Vor- und Zwischenpflanzung bei Gehölzen, paßt auch zu anderen Gartenstauden, vor allem in die Gesellschaft von Bergenien, Glockenblumen, Purpurglöckchen, Scheinmohn und Gräser. Neigt zu Horstbildung. Sorten: 'Johnsen's Variety' mit leuchtend violettblauen Blüten und purpurrotem Auge.

G. platypetalum (Bild 40)

⊥ 70 ♃ VII–VIII ○–◐

Sehr starkwüchsig. Heimat: vom Kaukasus bis Persien. Zottig behaarte, rundliche Blätter, 5- bis 7teilig; Blüten auffallend groß, violett, zu mehreren an langgestieltem Blütenstand. Prächtige Herbstfärbung. Bevorzugt normalen, mäßig feuchten Gartenboden.

Verwendung. Sehr gut in die Gesellschaft anderer Stauden passend, auch zur Vor- oder Zwischenpflanzung bei Gehölzen. In pflegearmen Gärten wirkt sie, als Wildstaude angepflanzt, auch durch ihre hübschen Blätter. Die langstieligen Blüten eignen sich als Schnittblumen.

G. renardii

⊥ 30 ♃ VI ○–◐

Mittelstark wachsend. Mit olivgrünen, oberseits schön gezeichneten, nierenförmigen Blättern; Blüten weiß, violett geadert. Liebt nicht zu feuchten Boden.

Verwendung. Als Garten- oder Wildstaude.

G. sanguineum

⊥ 10–20 ♃ ⇝ V–IX ○

In Europa beheimatet. Blätter tief geteilt, fingerförmig, behaart; Blüten karminrot, einzeln. Liebt warmen, trockenen bis frischen Boden.

Verwendung. Für Beete und Rabatten, in der Nähe von Wasserbecken, am Rand von Gehölzen und für größere Flächen. Sorten: 'Album' mit reinweißen Blüten und *Geranium sanguineum* var. *prostratum* mit hellrosa Blüten, zierlicher Wuchs.

G. sylvaticum

⊥ 100 ♃ V–VIII ●–◐

In Europa und Sibirien heimisch. Blätter langgestielt, 5teilig; Blüten rot, blauviolett oder dunkelblau, selten weiß, zu mehreren an einem Blütenstand. Horstiger Wuchs. Liebt frischen bis mäßig feuchten Boden

Verwendung. Für Beete und Rabatten, als Wildstaude geeignet. Sorte: 'Mayflower' mit großen, unregelmäßig gezähnten Blättern und lichtblauen Blüten.

G. subcaulescens

⊥ 15 ♃ ⌓ VII–VIII ○

Blätter rundlich, grau behaart; Blüten karminrot mit schwarzem Auge.

Verwendung. Als Kleinstaude im Steingarten, als Polsterstaude für Steinfugen und Mauerkronen. Bekannteste Sorte: 'Splendens' mit tiefkarminrosa Blüten.

G. wlassowianum

⊥ 30 ♃ VII–IX ○–◐

Mittelstark wachsend. Blätter rauhhaarig, gelappt, mit schöner Zeichnung; Blüten blau. Liebt guten, mehr trockenen Gartenboden.

Verwendung. Für kleinere und größere Pflanzungen, zusammen mit anderen Gartenstauden als Zwischenpflanzung bei Gehölzen oder als Wildstaude.

Bild 41. Im Garten harmonieren die Geranien gut mit vielerlei Stauden. Aufnahme flora-bild

Sachregister

Die halbfetten Ziffern verweisen auf Abbildungen